U0043519

研究研究
論論文

研究歷程之科P解密與
論文寫作SOP大公開

吳鄭重——著

謝 誌

———————— ✽ ————————

　　本書的完成，首先要感謝國立台灣師範大學教學與發展研究中心「教學精進與創新計畫」的經費補助，包括：2009 年的「有教無類」或「因材施教」？——「全效學習」與「計畫導向學習」的分流與整合（1/3）；2010 年的「全效學習」與「計畫導向學習」的分流與整合（2/3）——統合理論課程、寫作訓練與研究實作的研究生培力計畫；以及 2011 年的「全效學習」與「計畫導向學習」的分流與整合（3/3）——「在台灣留學，與國際接軌」的師大／大師菁英雙語課程設計與實踐。這三個課程精進的實作研究讓我有機會利用教學之便，同步思考理論閱讀與論文寫作的諸多課題，也正式開啟本書的寫作計畫。

　　其次，我要感謝科技部人文司「閱讀研究專案計畫」的經費補助（計畫名稱與編號：閱讀研究議題一：「空間介入教學」——整合「讀／寫」與「教／學」動態歷程的高教人文與社會科學閱讀策略研究，103-2420-H-003-013），它使本書得以順利發展出「From CNN/BUS to TAKSI」的分析閱讀策略與整合筆記技巧，進而提出進出「知識宮籍」與「學術沙漏」的 3P 論文研究模式（Problem-Based Learning, PBL; Problem-Setting Learning, PSL; and Project-Based Learning, PjBL）。這些在教學與研究過程中的衍生成果，雖然並非正式的教育研究課題，也不列入學術研究的考評積點，卻有助於稍微釐清長期被

過度神祕化的學術專業，也算是小小的功德。

　　第三，我要感謝哥倫布留學諮詢暨服務中心（AECT）提供英美研究所申請的相關資料，對我撰寫《研究研究論論文》前傳部分，助益甚大。同時也要感謝國立台灣師範大學僑生先修部的高麗珍教授將她的博士論文借我當作範例。

　　最後，我要感謝在我從小到大的學習歷程中，不斷啟發我，讓我從「普通學生」變成「好學生」，又從「好學生」變成「問題學生」的師長們，包括我在台北市內湖國小三年級時的導師田玉穗老師；內湖國中三年的導師陳文得老師，建國中學的國文老師何瑞華老師、林宣生老師；大同工學院事業經營研究所的導師林信雄老師；以及我在倫敦政經學院的指導教授 Andy Pratt 教授。謝天謝地，讓我在人生的關鍵時刻有幸碰到您們，也因此改變了我的一生。

研究生不會問，
教授不易答的無名難題

———————— ✳ ————————

　　1998 年底，我從倫敦政經學院取得博士學位，回到台灣。在尚未正式展開教學和研究的學術工作之前，有兩件想做的小事。第一件事情是翻譯英國社會學家紀登斯（Anthony Giddens）的《社會的構成》（*The Constitution of Society,* 1984）。因為由他集大成的結構化歷程理論（structuration theory），對我的博士論文有很大的啟發。第二件事情是寫一本和論文寫作有關的書。嚴格來說，應該是三冊，包括研究歷程、論文寫作和規劃報告的相關祕訣與寫作技巧。當時我覺得，這種有如「武林祕笈」的小書，應該會是初入「學術江湖」的研究生想要一探究竟的「葵花寶典」，值得好好鑽研。轉眼之間，十多年過去了，這兩件小事，都沒有付諸實現。

　　翻譯《社會的構成》一事，當時曾經聯絡過台灣一家專門出版社會學著作的出版社，但是他們表示中國大陸剛推出簡體版的中文譯本，出版社打算直接購買簡體版的譯本版權，改為繁體在台灣出版，所以翻譯學術經典的事情，就不了了之。至於寫一本有關論文寫作小書的想法，雖然遲遲未曾動筆，這個念頭卻一直縈繞心中。甚至這些年來在台灣已經有不少相關書籍出版，包括翻譯國外著作和國內學者所撰寫的，但是我想寫一本有關論文寫作祕笈的意圖，反而越來越強

烈。是什麼原因，又為什麼有把握，我自己的論文寫作經驗，值得拿出來和大家分享呢？

其實，一開始我也不覺得論文寫作有什麼大不了的，不就是看看前人怎麼寫，聽聽指導教授怎麼說，就自然而然地寫出來了嗎？回想自己從在國內的大同工學院念 MBA 開始，一直到在倫敦政經學院念完博士，雖然中間曾經經歷英國伯明罕大學的轉學波折，但我的論文都算順利，甚至先後都還有師長鼓勵我將論文出版，而且後來還真的實現了。或許我的論文寫作經驗，還真的有些賣點。先是在大同工學院的事業經營研究所念 MBA 時，雖然學業成績不是班上最高，但我卻是同學中第一個提交論文，口試通過的人。當同學們在入伍當兵前還在如火如荼地趕寫論文時，我已經騎車環島回來了。而且，大同工學院嚴格規定，所有的碩博士論文一律要用英文撰寫，甚至還規定碩士班兩年必修「英文論文寫作」和「英文聽力與會話」兩門四學期、零學分的課。當年院長林挺生特別看重電機研究所和事業經營研究所的研究生，所以我們所上同學除了要在每週院長親自主持的「經營學講座」課上，輪流上台帶讀和翻譯英文的管理學經典之外，每年三月到七月間，院長還特別禮聘哈佛大學商學院的退休教授 Prof. Pardee Lowe 到台灣為我們修改論文。

從碩二下學期的三月初開始，我們每週都要交一章論文草稿給 Prof. Lowe，他修改完後會發還給我們。如果中間有什麼問題，他會把我們叫進辦公室面談。草稿走完一輪之後，再逐章進行二稿、三稿的修訂，最後連前置部分（封面頁、摘要、謝誌、目錄）、後置部分（參考文獻、附錄等）都看過一遍，就大功告成，可以準備口試。就在我論文三稿大致底定之前，有一天 Prof. Lowe 把我叫進辦公室，

問我有沒有意願將碩士論文改寫出書，並說如果想在台灣以中文出版，他幫不上忙，但若要在美國以英文出版，他可以幫忙聯絡一些出版社試試看。我當下聽了不免飄飄然，可是稍一回神就不免躊躇起來，甚至覺得心虛。一方面是因為畢業之後馬上就要入伍服役，不可能有時間改寫論文；另一方面，自己也很清楚，這不過是一本碩士論文，不論就理論深度、文獻廣度，以及資料分析的詳實度，都很粗糙。而且，還是用破破爛爛的英文寫的，如果不是 Prof. Lowe 一字一句地幫我修改，根本不能看。只是當時整個 1980 年代，全球正瀰漫著一股日本的管理風潮，我針對 Pioneer、Sansui、Kenwood 這三家在 1946、47 年間幾乎同時成立的日本音響廠商，以他們的企業與行銷策略作為個案比較的論文主題，剛好踩在這股日本熱的管理浪潮上，所以 Prof. Lowe 會認為歐美的出版社會有興趣。

當時雖然沒有將碩士論文改寫出書，Prof. Lowe 的提醒倒是讓我燃起出國念書的念頭。於是就利用當兵的時間，一方面接譯光復書局的《大美百科全書》（只有部分條目），練練英文、賺點外快，順便準備托福、GMAT 等留學考試。退伍之後，一邊工作存錢，一邊準備申請學校。我還特別將申請學校的學習計畫（Study Plan）拿回學校請教我們「英文論文寫作」課程的林信雄老師幫我修改英文。我已經不記得當時究竟是怎麼寫的，研究計畫書裡面有哪些內容？只記得林老師改完後跟我說，寫得很好，還特地囑咐我要將學習計畫留給學弟妹們當範本參考。由於當時從未看過別人的申請書，也不知道自己寫得好不好，更不知道要傳給誰，所以出國念書之後，也就不知道丟到哪兒去了。

在國外念書期間，也不免面臨一些難關和瓶頸。儘管靠著自己的

摸索和幾分運氣，最終都化險為夷，順利取得學位，甚至還將博士論文改寫成英文專書，2001 年在英國出版了《不為人知的城市生活》（*The Secret Life of Cities*，與 Helen Jarvis and Andy C. Pratt 合著）。在這段暗自摸索期間，卻一直苦於沒有適當的諮詢對象可以提供有效的因應對策和指導方針，痛苦掙扎。尤其是在伯明罕大學時，經歷了更換指導教授和轉學的波折，還曾經一度萌生放棄博士學業的念頭。然而，就論文寫作而言，由於在大同工學院時奠定了良好的英文論文寫作基礎，尤其是三稿三校的寫作流程與自我紀律，所以寫起論文來，比起多數沒有論文寫作經驗的台灣留學生，順利許多。後來我才慢慢理解到，論文寫作並非這麼理所當然。特別是這些年指導和口試碩博士論文的所見所聞讓我了解到，有不少碩、博士生，有和我一樣的困惑，而且求助無門。因為許多指導教授雖然是過來人，熟悉此一領域的研究歷程和論文格式，也指導過一些學生，卻只知其然，未必知其所以然。甚至有些教授根本是誤打誤撞，千辛萬苦才勉強拿到學位。所以只能叫學生依照自己過去的經驗或是學科領域的傳統，依樣畫葫蘆地寫一本論文，而非真正知道為什麼論文的格式理當如此，而不是其他形式或結構，這才是造成「研究生不死，只是生不如死」的問題根源之一。這也是許多研究所師生共同面臨的困境——研究生不知道該怎麼問，指導教授也不知道該如何回答的「無名難題」！

　　既然這是研究所師生普遍面臨的「無名難題」，為什麼我有把握能夠提供解答呢？正因為我也沒有把握，所以雖然早早就意識到這個問題的存在，卻遲遲不敢動筆，想等自己累積足夠的論文指導與審查經驗之後，再提筆撰寫。尤其是 2005 年時，台大城鄉所的畢恆達老師出版了轟動武林的《教授為什麼沒告訴我》，我有幸在出版之前看

到畢老師的書稿，當時真的是「悲喜交加」！喜的是除了菲利浦與帕弗（Estelle M. Phillips and Derek S. Pugh）早在 1987 年出版的《如何拿到博士學位》（*How to Get a PhD: A Handbook for Students and Their Supervisors*）之外（2010 年時已經出到第五版，台灣在 2002 年時有第三版的中譯本發行），終於有一本切合台灣研究生現況與需求的論文研究與寫作指南；悲的是我醞釀多年的寫作計畫也因此失去它的正當性，因為畢老師的書中已經廣泛且深入地談論到許多研究論文的重要課題。

　　更有趣的是，在 2007 年時另外一本集結自網路文章的研究論文經驗談——研瑞（筆名）的《研究生不死，只是生不如死》，更栩栩如生地說出許多研究所的深宮密院裡不足為外人道，卻極具諷刺與啟發性的精彩故事，值得研究所的師生們細細體會。這三本書，菲利浦與帕弗的《如何拿到博士學位》，畢恆達的《教授為什麼沒告訴我》（2010/2005），以及研瑞的《研究生不死，只是生不如死》（2007），堪稱到目前為止，最具參考價值的三本研究論文指南。它們分別代表「由（國）外而內（outside-in approach）」（菲利浦與帕弗）、「由上而下（top-down approach）」（畢恆達）和「由下而上（bottom-up approach）」（研瑞）的研究論文觀點。其間也有許多英文翻譯和國內學者撰寫的論文寫作指南問世，雖然各擅勝場，但就原創性而言，皆不如它們。這幾年我在研究所開設的論文寫作課程，除了其他參考文獻之外，也都是以這三本書當作課程的核心教材，儘管菲利浦與帕弗的《如何拿到博士學位》因為年代久遠和國情不同，已經逐漸喪失其重要性。

　　然而，在論文寫作的教學研討過程中，我發現大部分初次面對獨

立研究和論文寫作的碩、博士生們，在讀了這些深入淺出的論文指南後，雖然頓時好像有所領悟，而且嘖嘖稱奇，但是回頭面對自己的研究和等到提筆撰寫論文時，卻依然充滿困惑，不知如何著手。對照同學們的徬徨茫然和手足無措，我再回顧自己「關關難過，關關過」的論文研究與寫作歷程，這才慢慢發現，其中還是有許多「畢老師沒有告訴你」的關鍵環節，值得提出來討論。於是，這幾年來我利用教學和研究之便，不斷在大學部和研究所的課程中，嘗試各種教／學與讀／寫位置互換的「學問之道」（Study Tango），試圖將高等教育中如何讀書和做研究、只能意會卻難以言傳的默會知識，轉換成可以傳授、具體操作的明確知識，以補足研究歷程與論文寫作中，「由內而外」（inside-out）和「身處其中」（in-between and in-process）的經驗缺口。我相信，在上述幾本好書所奠定的基礎上，加入本書試圖結合研究歷程解析和論文寫作要訣的「研究『研究』，論『論文』」雙螺旋取徑，或許有助於提供研究所師生一個「周延、宏觀」（in-the-round）的論文研究視野，是一件值得嘗試的事情。

　　為了瞭解市場需求與讀者反應，我試印了一百本「手作限量私藏版」的《研究研究論論文》在師大校園（總圖書館、文薈廳和地理系辦公室）和台大周邊的唐山書店、女書店等地點陳列銷售，不到一個禮拜就銷售一空。師大圖書館、唐山書店都要求補書，於是我又加印了一百本「手作複印版」，沒想到兩週之後又告售罄。由於市場反應熱烈，陸續有讀者詢問洽購，我只好再加印一百本應急。就這樣每隔一陣子加印一百本，半年內也賣了四、五百本。

　　從這幾個試銷點的回饋得知，購買《研究研究論論文》的讀者群除了原先設定的碩、博士研究生之外，還有大學老師、高中老師、

大學生，以及一些赴台旅遊的港、澳讀者，甚至有海外圖書代購公司來信採購。此外，透過系上研究生的口耳相傳，也有幾所大學的研究生到系辦團購，連我們系上在師大舉辦的台灣地理學術研討會上，也當場賣出二十多本。這些試銷跡象顯示，研究歷程和論文寫作的「無名難題」，的確是一個值得探究和交流分享的學術課題。

然而，囿於學科領域的研究範疇和自身經驗的侷限性，也因為引述論文研究實例所涉及的諸多問題（特別是「失敗案例」即使經過大幅修改，也很容易引發當事人「對號入座」，造成誤會），本書不像其他論文寫作指南那樣適當地納入許多研究主題和寫作細節的優良與錯誤範例，這是本書的最大缺陷之一，卻也是研究生自我檢核是否適合念研究所的重要能力指標——概念理解與抽象思考的研究能力。因此，本書所談的內容可能僅適用於一般人文社會科學領域和概念性的方向指引。不過，也因為本書的淺薄和粗糙，或許有助於研究生們在有限的時間裡，從糾結複雜的社會現象和茫茫書海的理論殿堂中，找到一線能夠引導論文前進的曙光，勇往直前。那麼，這本尚且稱不上研究祕笈的小書，也就達到它原先設定的目標了！

吳鄭重

2014 年 5 月草擬於里斯本
2015 年 10 月謹誌於台北

目錄

正式研究階段

論文撰寫階段

番後篇

‧ 番前篇 ‧

申請研究所的準論文寫作

　　我在想，如果讀者（研究生）有機會看到這本書，我應該先說聲恭喜才對，因為你大概已經考上研究所了。不論你念的是碩士班還是博士班，是剛入學還在歡欣鼓舞之際，或是正在為論文焦頭爛額、苦不堪言之時，都是可喜可賀的。因為有機會在二、三十歲這段人生最美好的黃金歲月，充分浸潤在學術研究的象牙塔裡面，是再幸福不過的事情了。

　　然而，考慮到有些讀者只是準備要考研究所（碩士班），或是正在申請博士班，所以本書所要討論的論文研究課題，可能得等到你正式考上研究所之後再說。有鑑於國內研究所採取推薦甄試／申請入學的校院系所比例越來越高，以此方式入學的研究生名額也越來越多，而國外的研究所除了語文能力的檢定考試之外，也幾乎都是採取申請入學的方式；因此，在正式切入本書的核心命題——學位論文的研究歷程和寫作方法——之前，我想先用一點篇幅來談談申請研究所階段的「準研究歷程」和「準論文寫作」，也就是申請研究所時必備的**讀書計畫／自我陳述**（Study Plan/Personal Statement or Statement of Purpose）和**個人簡歷／自傳**（Résumé/curriculum vitae, CV），揭開本書的序幕。至於申請博士班，可能還需要一份更具體的**研究計畫**（Research Proposal），它與論文提案審查所需的**論文計畫書**相仿，只

是較為粗略。論文計畫書的相關課題將在本書第四章中討論，在此不加贅述。

此外，念研究所也和談戀愛或婚姻一樣，有時候往往是因為誤會而結合，因為了解而分開。就算順利考上研究所，並不代表就一定能夠或必須完成學業，拿到碩士／博士學位。因此，本章最後也要談談，如果實在適應不了研究所的訓練，該如何自處與適時抽身，說不定因此找到一條更為光明的人生大道。比起大學畢業之後眼高手低、懵懵懂懂地就業，或是拿到碩士學位之後就自以為天下無敵般地栽進學術研究的世界，沒念完研究所（特別是博士班）的短暫挫折，未嘗不是到研究所走一遭的重大收穫——進一步探索自己的興趣與深刻體認己身的能力限制。

打開研究所大門的鑰匙

以前自己在申請國外研究所的時候，並沒有看過別人的讀書計畫，所以也不知道自己寫得好不好。回國教書之後，每年多少都需要審查一些碩、博士班的申請資料，慢慢的也就能夠分辨其中的好壞之別。有時候自己的學生要申請國內外的研究所，在幫他們寫推薦信的同時，我也會用過來人的經驗和審查者的角度，幫他們局部修改或重新擬定整個讀書計畫的內容和個人簡歷的格式。由於對這個議題產生了興趣，這幾年來我也稍微留意了一下國內外各研究所的申請表格，尤其是和讀書計畫／自我陳述有關的一些基本問題。

嚴格來說，國內外、各校和各系所對於申請研究所必須填寫和繳

交的資料，不盡相同。但一般而言，除了畢業證書、成績單、語言能力證明等文件資料之外（國外研究所可能還需要財力證明），還需要繳交三項和學習直接相關的基本資料：**個人基本資料**（簡歷或自傳）、**學習計畫書**（自我陳述、讀書計畫、研究計畫）、**作品**（短文、作品集或著作）。而且，國內和國外的研究所對於這三項資料的定義與要求，也有一點差異。以人文與社會科學領域的碩士班申請為例，**國內研究所**通常會要求申請人繳交**自傳、讀書計畫**（或**研究計畫**）和相關**作品**，而且目前多半還是採書面資料審查（初審）加上口試（複審）的傳統審查形式。而**國外研究所**則是要求繳交**簡歷、自我陳述**和相關**作品**的資料審查（少數系所會併用電話或視訊口試），而且幾乎都是採用線上填寫和檔案上傳的網路申請。換言之，國內外研究所申請時所要求的項目類似，內容重疊，但是強調的重點有一點不同。

　　國內研究所要求繳交的自傳，是將客觀事實的簡歷資料以文字加以敘述，並加入主觀的個人理想或其他說明事項。除了瞭解申請人客觀的背景資料之外，也可以藉此看看申請人的文字表達能力。除此之外，還會要求申請人另外撰寫一份和修課及研究方向有關的讀書計畫。有的研究所（碩士班）甚至還會要求申請人提出簡單的研究計畫，藉以了解其研究興趣和學術走向。至於博士班的申請，除了自傳和讀書計畫之外，還必須繳交碩士論文和研究計畫，或是以研究計畫代替讀書計畫。國外研究所（碩士班）要求繳交的自我陳述，是結合中文自傳與讀書計畫的相關內容，至於個人資料的客觀事項，則是用簡歷的條列方式，加以呈現。

　　再者，國內研究所通常只要求申請人必須繳交自傳和讀書計畫（或是研究計畫）的籠統要求，並未對其內容詳加規範。英、美研究

所線上申請必須填寫的項目，則差異甚大。有些研究所，特別是英國學校，可能只要求申請人上傳一份沒有指明內容格式和字數限制的自述，但是通常也會要求申請人上傳一兩篇小論文（sample essays）或書面作品（written work），藉以檢視申請人的研究潛力。如果你沒有書面作品的話，學校可能出一兩個題目讓你發揮，當作你的審查作品。但是也有不少研究所，特別是美國大學，直接把自我陳述的分項內容，拆解成大小不一的問題讓申請人回答，甚至直接出幾題和課程領域相關的申論題，藉以考校申請人的背景知識和論述能力。而且，每一個問題還嚴格限制字數，從兩、三百字到四、五百字不等。通常一篇完整的英文自我陳述，字數大概在 1,500 ～ 2,500 字之間。

　　我簡單歸納了一些英、美研究所要求的自我陳述內容，大致不出下列幾項重點：

（1）你過去的學術背景、研究經歷或實務經驗。
（2）你有哪些學術專長或特殊才能。
（3）申請本所／本課程的動機、目的。
（4）有興趣的學術領域或研究課題。
（5）對本研究所特色與課程內容的具體了解。
（6）未來的（短期）職涯目標或（長期）人生方向。
（7）本系所及相關課程如何有助於你達成職涯目標。
（8）你能為系所課程和老師、同學，帶來哪些助益？
（9）與本課程有關的特殊經驗或人生經歷。

美國大學通常還會增加一項（10）「多元考量」（Diversity Essay）項

目，讓不同性別、族裔、階級、文化、身心狀況的學生，有機會自陳
己身的特殊處境，藉以招收不同（弱勢）背景的學生，讓高等教育更
符合多元文化的社會公平。

　　雖說申請研究所的自我陳述／讀書計畫內容，大概不脫上述幾個
基本問題，但是如何將這幾個問題巧妙地組合成一篇資訊豐富、條理
分明，而且扣人心弦的學習故事，就足以判斷申請人是否具備做研究
和寫論文的潛質。為了幫助同學有較多機會在一大堆的申請書中脫穎
而出，我特地將這些申請研究所必須回答的基本問題，以**辯證圖像**
（dialectical image）的敘事模式──也就是運用過去既有經歷來想像
未來的可能性，再對照個人簡歷上的基本資料，以及教授在撰寫和審
酌推薦信的幾項重點（例如：學科成績、學習動機、學術好奇心、邏
輯分析能力、創意能力、文字能力、口語表達能力、課堂表現、研究
潛力等），綜合整理成一篇**學習計畫書**的基本架構，並以它來統攝申
請國內研究所的讀書計畫和申請國外研究所的自我陳述。希望這樣的
提點，有助於同學們在申請研究所時，充分展現自己的優點與特質，
也讓研究所的審查教授們，能夠快速地掌握申請人過去的具體表現和
未來的研究潛力。我相信，如果同學們在進研究所之前就能夠明確地
了解（至少要嘗試釐清），自己過去是從哪裡來？未來要往何處去？
而研究所這幾年的學習，又扮演何種積極的轉換角色？那麼，進入研
究所之後，就算無法輕鬆寫意、談笑用兵，至少也會過得相當充實。
換言之，學習計畫書同時也扮演自我諮詢的**學術寶馬**（BMW）角色
──它是銜接未來的橋梁（Bridge）、反思過去的明鏡（Mirror），以
及啟發當下的窗口（Window）。若能有效釐清這些基本問題，對整
個研究所階段的學習，絕對具有醍醐灌頂、事半功倍的效果，甚至可

以為自己指出一條學術志業的康莊大道。

準論文寫作的行動計畫

接下來我就先說明申請研究所**學習計畫書**的大致格式與基本內容，然後再加入**簡歷／自傳**的重要部分，最後再補充一些和所需繳交作品有關的提醒事項。

學習計畫書

> ## 學習計畫書／自我陳述：〔自訂（副）標題〕（建議採用）

試著將你的研究所學習計畫想像成一個知識探索的求學故事。就像電影或小說一樣，要有具體的故事情節。那麼，你該給它下一個什麼樣的（副）標題，才足以反映出整篇學習計畫書的內涵呢？而且，還要有明確的主題。否則，每一個申請研究所的同學，都會繳交一份學習計畫書，而且都只有「學習計畫書」的制式標題，你能期待審查的教授們在讀了這麼多篇「無名」的學習計畫書之後，會對你留下什麼印象嗎？或者反過來說，你希望在自己的學習計畫書中，讓他們對你留下什麼樣的印象呢？如果你有辦法讓這兩個意象凸顯出來，而且對焦，那麼你脫穎而出的機會，就會大大增加。換言之，如果你能體會審查教授在成堆的申請資料當中，如何篩選學生的心智歷程，就會知道，這時候該為你的學習計畫書取一個既能反映事實資料，又帶有

一點期許意味的適當標題，因為這會讓審查教授在你的名字或編號項下，留下一個明確且良好的印象。同樣的事情也適用於論文的命題上（如何給論文取一個好題目，將在本書第四章中討論）。可惜的是，可能有半數以上的碩、博士論文，都沒有在論文題目上好好地琢磨，使得整本論文的成果，難以有效地彰顯出來。這也反映出台灣研究生**概念化**（conceptualization）的能力——也就是將事物之間的關係意涵，轉化為抽象的概念名詞——還有待提升。而概念化正是研究生最重要的能力指標之一。因此，從撰寫學習計畫書的**準論文**階段開始，就應該好好把握每一個練習概念化的機會。同樣的道理，學習計畫書的幾個大段落，最好也能從審查教授的閱讀角度出發，想出足以反映整段內容的小標題，讓整篇學習計畫書的脈絡，更加清晰。除了陳述客觀的事實資料之外，這也是展現你具有邏輯扣連與文字表達能力的大好機會。

1.〔起：背景破題〕

（替換為適合的小標題，可納入的內容項目：1、2、9、10）

　　這裡的起、承、轉、合，不只是國文作文的基本章法，也像由四個樂章組成的古典交響曲形式，其目的是要將前面提到的學習計畫書中的基本元素，以合乎邏輯的敘事架構串連起來。而且，盡可能做到環環相扣，首尾呼應。所以，學習計畫書一開頭的破題，最好能夠遙遙呼應（但不必矯揉造作地刻意安排！）學習計畫書最後一段的職涯願景（career goals and future aspirations）。一方面從自己身家背景、成長經驗、兒時夢想、學習歷程或學術專業中「有梗」的面向切入（如果可能的話，最好也有一兩個相對應的具體事件來加以凸顯），具體

而微地捏塑出自己的具體樣貌和成長軌跡；另一方面，在交代基本背景的過程中，也應該藉由大學階段的修業成績和相關的特殊經歷，鋪陳出自己在特定領域的知識背景，以及／或是對於某些議題的濃厚興趣及學習熱情。這些基本背景的鋪陳描述，可以對照個人簡歷上面的基本資料，或是相關附件的佐證，例如成績單、獎狀、獎牌、社團參與、社區服務等各種具體事證，藉以支持這些敘述的可信度，進而為整個學習計畫書的大方向定調。

換句話說，學習計畫書的具體敘寫策略是以簡歷和相關資料的具體內容作為基本素材，而且要挑和念研究所有關的重要事項作為鋪排的主軸。再以主人翁的旁白敘事方式，提綱挈領地說出你的學習成長故事。這和過去我們從小到大常寫的，有如身家調查般的側寫式自傳（profiled autobiography）（例如：我來自北台灣的一個小康家庭。家裡有父親、母親，還有一個哥哥和一個妹妹。父親的職業是○○，母親是家庭主婦。國小念的○○小學，國中念的是○○中學。我的興趣是閱讀、聽音樂……），有很大的差異。因為，在學習計畫書中沒有足夠的空間說這麼多廢話（國外的自我陳述是有嚴格字數限制的！）；而且，研究所的教授們也不在乎這些個人身家的瑣碎事情。因此，你必須一針見血地精準帶出和念研究所有關的部分。除非有極其特殊、非提不可的相關事情（例如你從小喜歡的學科或特別強烈的興趣等，而且這些事情稍後會連結到研究所的學習與研究），否則不要從小學、國中、高中一路談起（那可能透露出你的成績每況愈下的窘境），而是應該盡可能聚焦在大學階段的學習上面。當然，你也可以將第一段拆成兩個部分，先簡單敘述你的背景經歷（包括家庭背景、學業興趣、特殊經歷等），然後再帶到大學念的科系和修課狀況等等。不過

必須提醒，這些個人背景的鋪陳敘述都是在「埋梗」，一方面是為了自我介紹，另一方面則是為了巧妙地鋪排出和學習、研究有關的線索。有了這些自我定調的基本線索，就可以順利地進入下一段。

2.〔承：關鍵引爆〕

（替換為適合的小標題，可納入的內容項目：1、2、3、4）

延續第一段的成長背景與學習歷程，你可以設法在既有學術背景和所欲進修之研究所領域之間，找到可以有效連結的關鍵課題。它可以是延續大學課程的進階研究，也可以是轉換領域的獨特契機，但是都需要一些對你個人和對整個社會有意義的明確課題，作為銜接或是轉換的關鍵環節。你在大學期間或是畢業之後，如果有相關的研究訓練或工作經驗，例如擔任老師的研究助理或是在相關產業任職，通常可以在這裡找到引發你想到研究所進修的有效動機，順便也可以藉此展現你在實習階段或相關職場上的專業知識與研究技巧。

國外的研究所，特別是企管碩士之類的專業領域，非常重視工作經驗的專業知識。如果你是大學一畢業就直攻研究所，在此可能就提不出具體而微的有效課題。這時候可以利用大學課程裡面教過的一些課題（最好你有可供佐證的作業或作品），或是當前台灣或國際社會重視的新聞課題，來當作申請研究所的敲門磚。在這裡，也可以藉由一些基本文獻的搜尋和相關概念的釐清（維基百科和 Google Scholar 是最簡便的資料檢索來源），來顯現你對這些課題的基本認識。甚至可以巧妙地「掉個書袋」，援引一兩個重要的學者及其著作，來彰顯你對這些課題的學術脈絡有起碼的認識，進而點出你進研究所之後有興趣投入的學術領域或研究課題。如果你要申請的是博士班，可能還

需要另外附上一個更為明確的研究計畫書（Research Proposal）。不過，你還是可以將研究計畫的大致方向，用比較直白的話語在這裡略作交代。切記，千萬不要把研究計畫書的內容整段搬過來，那會變得非常突兀，也會讓審查教授看破你的手腳。總之，在這裡你必須凸顯出上述的理想目標或學術好奇，必須藉由研究所的進階學習，才得以實現。值得提醒的是，這個關鍵引爆的承接環節，最好能夠同時兼顧個人興趣、社會意義和學術價值三個層面，千萬不要只是自己死感動，或是一味的呼口號、唱高調，這樣才容易引起審查教授的共鳴。

3.〔轉：鎖定目標〕

（替換為適合的小標題，可納入的內容項目：5、6、7）

有了成長背景／學習歷程和學術訓練／工作經驗的基本線索，以及進階學習的研究動機之後，必須將學習計畫書的內容引導到特定的學術領域和研究範疇上面。通常，申請碩士班只需提出有興趣的學術領域即可，博士班則需要進一步提出可能的研究方向。而這些預設的學術領域和研究方向，「剛好」和你要申請的研究所的某個課程（碩士班），甚至某個教授的研究領域（博士班），不謀而合。所以，你必須扼要地點出，你充分了解自己想申請的研究所，它們的專長領域和開設的相關課程，並提出簡單的修課計畫，包括你有興趣研究的課題方向和對應需要修習的一些基本課程（有的課程還包括實習或田野）。要能夠回答這個問題，必須對該系所的師資，它們過去與目前的研究重點，以及系所的課程架構和課程內容，做足功課（網路上都查得到）。不論你申請的是碩士班課程或是博士班課程，在此你應該可以清楚指出，你所欲申請的系所、師資和課程，應該是最能夠提供

你所需學術訓練的地方之一。

　　然而，必須提醒的是，修課計畫最好保持一點彈性，尤其是申請碩士班的課程，只要指出一個大致方向和幾個核心課程即可，不用巨細靡遺地列出每一學期的修課內容，甚至斬釘截鐵地定好碩士論文的題目。過於明確和缺乏彈性的修課計畫和研究方向，有時反而容易被審查教授刷掉，因為這可能和系所或教師目前的發展方向不合，甚至因此牽動教師之間敏感的校園政治神經。事實上，有不少研究生入學之後，接觸到新的學術資訊，進而轉換研究領域或更換論文題目。所以，修課計畫不用說得太過細瑣，方向明確、內容具體就可以了。

　　此外，同學們在申請研究所的時候，也可以回頭想想自己的學經歷背景，究竟可以為系上的師生帶來哪些不一樣的資源？有時候，一群背景太過相近的優秀人才，反而激盪不出學術的創意火花。畢竟，學術的近親繁殖和血緣的近親繁殖一樣，都不是好事。因此，我也要鼓勵同學們，不要大學、碩士班和博士班（甚至博士後研究），都待在同一個學校系所裡面。同樣的環境待得太久，再聰明的人也可能因此變笨！而且，都是同一群老師，能學到的東西也相對有限。何不敞開心胸，邁開步伐，大膽地到國外或別的學校闖一闖！

4.〔合：職涯願景〕

（替換為適合的小標題，可納入的內容項目：6、8）

　　在學習計畫書的最後，可以談一談自己念完研究所之後的職涯願景，包括短期的工作目標和中長期的生涯規劃。理論上，你的職涯規劃應該和第三段的研究所課程及研究方向，以及第一、二段的學經歷背景和人生志向，有相當程度的連結。就算其中有所轉折，也必須有

合理的解釋。這些思考，不僅可以作為校方決定你是否適合進入研究所就讀的評選依據，也有助於你妥善規劃自己未來的生涯志業。從這個角度來看，申請研究所的學習計畫書，也是個人站在人生的分水嶺上，轉身回顧與昂首前瞻的關鍵時刻，焉能掉以輕心。一篇好的學習計畫書，應該從頭到尾脈絡清晰、邏輯縝密，而且遠觀近看、首尾呼應。因此，我建議申請人在完成學習計畫書的初稿之後，應該對目前這個以進入研究所深造，連結過去與未來的自我期許和工作計畫，訂定一個適當的主標題。然後再依據這個明確的大方向和相對應的幾個主軸，對整篇學習計畫書的內容，進行第二階段的修改與潤飾。如果能善用**分析敘事**的方式，清楚地交代上述所提到的學習計畫書的一些基本內容，我相信，在學業成績和其他條件相當，甚至相對不利的情況下，你在眾多競爭對手當中脫穎而出的機會，絕對會大大增加。

最後，我要語重心長地提醒研究生，特別是博士班的學生，進入研究所之後的第一件事情，就是暫時拋掉學習計畫書和研究提案中預先設想好的所有情節。至少利用一個學期到一學年的時間，徹底敞開心胸，充分浸潤在課堂、演講、研討會、工作坊和圖書館的浩瀚書海當中，並藉由與老師、同學及其他學術同儕討論的互動過程，在原訂學習計畫書的大方向之下，重新釐清你最有興趣的研究課題和理論視野，或許會有意想不到的收穫。否則，死守著申請研究所時學習計畫書中預先擬定的學習框架，只會讓自己陷入「以大學生的一般視野，進行研究所的進階學習；用碩士生的理論知識，擬定博士論文的研究架構」的迴歸（退化）陷阱。這個問題，可能是目前國內許多研究所的通病，因為有越來越多的研究所在審查入學申請的時候，就要求申請的學生必須提出涵蓋論文前三章內容，相當於論文計畫書的「研究

計畫」。從表面上看起來，整個研究所階段的學習和訓練，在入學前就按部就班地擬定好了。入學之後，只要按表操課，就可以在規定的修業年限內完成學業，甚至提早畢業。但是，如此揠苗助長的結果，反而扼殺了必須經過充分醞釀之後，才能夠完全發酵的學術潛力。結果造成台灣的整體學術發展，只贏在研究所階段的起跑點上，卻在研究所畢業之後漫長的學術道路上，停滯不前，實在得不償失。研究所的碩、博士生和指導教授們，不可不察呀！

簡歷／自傳

　　個人簡歷是求職謀事必備的文件。網路時代之前，書局或文具行都有販售現成的履歷表。網路發達之後，各種仲介工作的人力銀行也有制式的表格可供下載填寫。國內的研究所多半沒有強制規定必須繳交個人簡歷，而是要求申請人必須撰寫自傳。相反地，國外研究所則多半會要求申請人繳交簡歷，並將自傳與讀書計畫結合成一份綜合說明的自我陳述。我認為，不論學校是否正式要求，在申請研究所時若能檢附一份清晰明確的個人簡歷，用來彙整事實性的基本資料、學業成績、社團參與、傑出表現、實習／工作經驗、社會服務、特殊經驗、特殊才能等，一方面有助於捏塑出申請人的具體輪廓，另一方面也可以作為連結學習計畫書和其他相關證明文件的檢核平台，讓審查教授感受到你的組織能力和自我紀律。個人簡歷除了分門別類地記載和申請研究所相關的必要事項之外，最好也能給人申請者有隨著時間逐漸成熟、進步發展的良好印象。因此，我會建議試著用類別項目與時間序列的矩陣概念，來安排個人簡歷的內容格式。必要時，在相關

項下還可以加入縮小的圖片和簡單的說明文字，讓相關事蹟更加具體，甚至可以配合研究所的學科特性（例如歷史研究所），將個人簡歷做成像是大事記一般的個人年表，審查的教授必定會留下深刻的印象。或是你也可以用簡歷上面的基本項目來組構或查核你的自傳內容。口試時，在時間匆促的情況下，也有一些審查委員喜歡從個人簡歷中找尋適合發問的題目，所以個人簡歷也是一個相當適合「埋梗」的地方。

以下是我草擬的簡歷大綱，你可以依照自己的實際狀況和所欲申請研究所的特性，自行增刪變化。唯一要提醒的是，「簡歷」貴在簡單明瞭，不要弄成像是個人相簿那般花俏或充滿大頭貼式的自High，才能夠給審查教授留下清晰明確的好印象。

簡歷

一、基本資料

姓名：

性別：

出生年：

出生地：

聯絡地址：

電話：

電子郵件：

照　片

除了大頭照之外，最好選用你在某個場景裡面的照片，而這個場景要能夠凸顯出你和專業領域之間的關係。若要選用生活照或旅遊照時，盡可能用能顯現出你的性格的**半身個人獨照**。不要放團體照或小時候的可愛照片哦！

個性：（選擇性填寫）

嗜好：（選擇性填寫）

專長：（可填寫和研究所相關，或無關但重要的專長能力）

語言能力：（可羅列所會語言、流利程度及檢定級別）

基本資料項下除了姓名、性別、年齡、聯絡方式等事實性的資料之外，也可以考慮加上個性、嗜好、特殊專長和語言能力等能夠凸顯你生命內涵及專業能力的相關項目。這些資料極有可能在面試的時候成為審查教授提問的靈感來源，甚至聊出有趣的對話。

二、學歷

年／月～年／月　　○○中學（中學以前可選擇性填寫）

年／月～年／月　　○○大學，○○學系（主修：○○，副修／輔系：○○）

年／月～年／月　　○○大學，○○研究所（碩士論文題目：○○○○）

學業成績（或課業表現）：儘管申請研究所都必須檢附成績單，但是在簡歷中的學歷項下，也可以簡單說明大學之後的學習成果。若曾經獲得書卷獎或其他學業成績優秀之事蹟，可以逐年列出各學期／學年之學業成績和獲獎事蹟。如果你申請的是國外的研究所，也可在此用簡短的文字描述你就讀的大學概況，讓他們了解這是台灣頂尖的大學或是在相關領域傑出的系所等等。如果

你在就學期間，曾經赴國外大學交換學習或是參加暑期研習營，也可以在學歷項下條列登載。

社團經歷：大學期間若有參加社團或學校代表隊，可將你在社團裡面擔任的幹部，舉辦或參加過哪些重要的活動、比賽，以及獲得哪些經驗、技能、名次等，扼要地加以說明。

三、實習／研究／工作經驗

年／月～年／月　暑期實習　機構名稱

說明：可以簡單說明實習機構的概況，工作內容和學到的知識、技能。

年／月～年／月　研究／教學助理　研究室／實驗室／教授名稱

說明：可以簡單說明擔任研究／教學助理的概況，工作內容和學到的知識、技能等。

年／月～年／月　職務名稱　機構名稱

說明：可以簡單說明任職機構的概況，職務內容和相關的知識、技能。

證照：若有專業證照，可以說明證照種類和取得日期。

四、社會／社區服務

年／月～年／月（或迄今）　機構／活動名稱　服務內容

說明：可以簡單說明社會／社區服務的機構、活動及服務內容，國外大學尤其重視社會／社區服務的志工經驗。

五、其他經歷

如果你有其他特殊的經歷，有助於研究所考量你的申請，可以在此扼要地表述，但應該盡可能以事實性的資料為主，並指出這些經歷對你的助益。例如，曾經參與過的研討會、發表過的論文、作品、展演或參加過的營隊等等。如果這些經歷和研究所的課程內容關係密切，可附上相關證明或作品當作附件。

作品

除了簡歷／自傳和學習計畫書（自我陳述／讀書計畫）之外，研究所通常也會要求申請人繳交或上傳相關作品，包括作業、短文、學位論文、作品集、出版品等足以讓審查教授進一步了解其專業知識與評估其研究潛力的相關作品。這些作品很難在申請研究所的時候憑空產生，而是必須在大學期間逐步累積。因此，我也呼籲大學的任課教授們，除了考試評量之外，也可以採取海報、小論文、報導、展覽等多元評量的作業形式，讓學生有機會留下一些足以展示其學習成果的作品。而同學在做這些期末作業的時候，千萬不要抱持只是做作業給老師打分數的應付心態。將來申請研究所的時候，只要稍加修改潤飾，或是翻譯成英文（申請國外研究所時），就可以當作個人的代表作品。甚至將不同課程的作業整理成一本個人的作品集，並以此探索未來的職涯方向和回頭規劃修習的課程，說不定連找工作的時候都用

得上。

　　最後，我要提醒，申請國內的研究所時，通常都需檢附相關文件並以書面的形式繳交。你最好將必須繳交的資料，確實依照研究所要求的項目排列，並檢附清單；或是製成一個完整的檔案夾，並且將每一個項目加上清楚的標籤，讓審查人容易檢視。英、美大學的研究所則幾乎都已經改成線上申請，只需依照規定將相關資料以文字輸入或是掃描成 PDF 檔案上傳，問題較少。

　　此外，有部分同學在申請國外研究所的時候，會花錢找留學代辦中心幫忙，或是在準備國內研究所的考試時，會到補習班補習。我認為這都是不必要的舉動。花錢事小，最重要的是，你會因此失去這個**準研究**和**準論文**的磨練機會。就算如願申請到理想的研究所，入學之後也未必念得下來。而且，有些不肖的留學代辦中心，還刻意把你送到他們有簽約退佣的二流大學甚至三流大學，你反而因此人財兩失。如果你覺得申請學校的事情太麻煩，或是做不來，我建議你乾脆不要念研究所，因為你可能不適合，或是根本沒有能力念研究所。機會是留給準備好、肯付出的人，在進研究所之前，就拿申請過程和學習計畫書當作準研究和準論文的練習吧！這樣入學之後，你順利畢業的機會，絕對會因此大增。也祝福有志念研究所的讀者們，申請順利！

學術登頂的進退抉擇

　　前面說過，申請研究所的準研究歷程和讀書計畫書的準論文寫作是年輕學子自我探索與自我檢核的「學術寶馬」，絕對有助於你在邁

入而立之年前轉身回顧與昂首前瞻人生的發展方向。然而，在此我要語重心長地提醒研究生：上山容易下山難，千金難買早知道。順利進入研究所並不保證你就一定能夠拿到碩士或博士學位。如果你在研究所期間發現志趣不合或是力有未逮，究竟要堅持下去，還是應該迷途知返，儘早另謀出路呢？

我認為，碩士班和博士班的研究生應該採取不同的思考策略，畢竟二者的「工程規模」，不盡相同。對於碩士生而言，除非是家庭遭逢重大變故或是身體健康出現重大危機，否則應該盡可能堅持下去，設法完成學業。因為碩士學位的修業期間短，只有兩年（在英國甚至只要一年即可取得碩士學位），學校和指導教授對於論文的內容和字數，要求也不會特別嚴苛，研究生只要按時上課，依規定繳交作業和仿效學長姐的論文格式，依樣畫葫蘆地「兜出」論文，就可以拿到碩士學位。就時間成本和所投注的心力而言，加上未來在職場上碩士學位可能帶來的實質效益，咬緊牙關「撐下去」，絕對是一筆上算的買賣。就算最後失敗了，也不過多損失一年半載的時間而已，對於長遠的人生而言，實在微不足道。但是在面對挑戰和戰術周旋所增進的心理素質及因此累積的人生智慧，可能比碩士學位的那紙文憑，更加珍貴。

至於博士學位的進退之道，牽涉的問題較廣，需要好好地討論。首先，博士不只是學位的頭銜而已，它更代表一份終身的志業。其次，博士班的修業期間漫長，對於博士論文的內容與字數要求嚴格，尤其是博士論文特別注重問題意識和理論觀點的「原創性」（originality），也就是博士訓練的內涵的確稱得上是「博大精深」，它不是你咬緊牙關就可以「撐下去」的。第三，就算拿到博士學位，人生未

來的道路究竟會因此海闊天空，還是會愈走愈窄，著實難料。因此，在「攻讀」博士學位時（就像攀登大山一樣），除了需要考量家庭因素、工作狀況和身心條件之外（光是這些客觀條件就夠讓你躊躇不前的了！），更重要的是「興趣」和「能力」的主觀因素，以及進退抉擇的人生智慧，千萬不要逞強。由於大多數博士生都是克服了千辛萬苦之後，好不容易才進入博士班就讀，要你半途而廢，總是心有不甘，也會擔心面子上掛不住。但就是這種「不甘心」和「面子問題」，讓不少博士生吃足了苦頭，反而陷入了進退兩難的無間窘境，進而衍生出「研瑞」這種博士班的特殊物種，對個人和國家社會而言，都是莫大的損失。那麼，在進退之間，博士生究竟該如何取捨呢？

　　簡言之，如果你對學術研究的「興趣」和「能力」都很強（有實力）或都很弱（運氣好），事情就很好辦──能進就進，該退就退──不會有懸念。難就難在有不少博士生對學術研究的「興趣」和「能力」，卡在不上不下的尷尬狀態。要說自己對學術有興趣，似乎沒有到達狂熱和著迷的境界；要說聰明才智不足，卻又通過大學、碩士班的層層考驗，一路過關斬將才考進博士班的。怎麼到了博士班之後，還是和以前一樣認真念書，卻頓時失去方向，陷入進退維谷的瓶頸？這時候，你就必須認真思考，自己對學術研究的投入究竟是「出於興趣」，還是「迫於生計」？因為就算你勉力完成學業，將來極可能只是一個「二流」的學者，而且要一輩子做自己並不真正喜歡，也不十分擅長的工作，那絕對是一件痛苦的事情，這也是目前有些大學教授之所以在學術圈裡載浮載沉的難言之隱！當然，如果你只是要拿一個博士學位來光宗耀祖或加官晉爵，那又另當別論。在「學而優則仕」的傳統思維和產、官、學界糾結不清的台灣社會裡，博士學位與終身

志業的關係往往剪不斷，理還亂，所以當你的博士課業碰到瓶頸時，究竟該堅持下去還是急流湧退，這個問題絕非一時三刻就可以想得清楚的。而且，有時候這個困惱著許多博士生的進退難題，其實是因為傳統的研究所訓練並沒有好好培養研究生在研究所做研究、寫論文時該有的「研究慣習（表現在外）／學術心態（存乎於內）」（research *habitus*）。前者是本書試圖處理的「技術問題」，而後者則是有待讀者自己釐清的「根本問題」，但前者往往嚴重干擾研究生最終該做的抉擇判斷。因此，接下來各章將一一探討研究所階段修課、做研究和寫論文的各項「技術問題」，剩下進退抉擇的「根本問題」，就留給讀者在讀完本書之後，自己好好地思考！

・ 基本命題／方法序說 ・

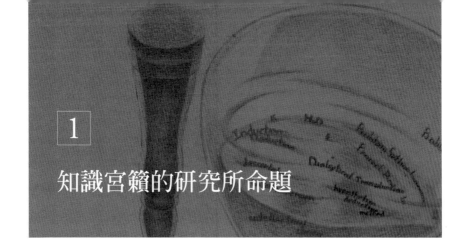

1

知識宮籟的研究所命題

　　在研究所階段做研究、寫論文的獨立學習過程，究竟是苦、是甘，除了如人飲水，冷暖自知之外，它更是一個彼此學習和共同開創的驚奇之旅。因為，研究生總是在教授、同學的陪伴之下，以及前人知識所匯聚而成的思想意識流與知識水庫當中，不斷透過閱讀、寫作、研討的臨摹實踐，進出理論思想和經驗現象所共構而成的**知識宮籟**（intellectual *chora*）。它既是一個從論文封面上看不出所以然的**黑盒子**（thesis as a 'black box' of research），整個研究歷程更像是踏入了結合宇宙奧妙與浩瀚學海的**黑暗大陸**（research as an expedition to the 'dark continent' of universe and knowledge），共構出莫測高深及虛無飄渺的**大學之道**（university as a way of living）。在不斷追尋與探索人事物現象及其道理的**研－究**（re-search）過程中，經歷過「見山是山」、「見山不是山」、「雲深不知處」和「柳暗花明又一村」等不同階段之後，最後終於破繭而出，羽化出科學發現與學術創造的**美麗新世界**（brave new world）。這就是在研究所做研究、寫論文的最佳寫照。

研究所：知識宮籍的魔法學校

研究所（graduate school or graduate institute）的進階課程，和大學部結合博雅教育和專業訓練的課程理念，截然不同。在研究所階段，除了研究方法及少數核心課程之外，沒有國文、英文、通識和體育等共同課程，也沒有一堆限修、擋修的專業必修課程，而是讓研究生依照自己的興趣，來決定論文的研究方向，並以此規劃具體的修課內容。特別是博士班，更是以博士論文的品質，作為評斷研究生是否可以獲得學位的主要依據。然而，如果研究生在入學之後就一頭栽入獨立研究和論文寫作的象牙塔裡面，不知借助研究所的制度資源來拓展自己的理論視野和學術深度，那麼就算幸運地完成論文，獲得學位，恐怕也會事倍功半，甚至作繭自縛，大幅限縮自己的研究潛力。長遠來說，未必是明智之舉。因此，要做好研究和寫好學位論文，必須先了解整個研究所的學術訓練內涵。

一般來說，研究所的學術訓練包含三大部分：**講授課程**（taught courses）、**學術研討**（seminars）和**學位論文**（theses/dissertations）。它們是三位一體的共構關係——在知識宮籍當中**獨立研究**的**共同學習**。研究生的工作就是在學校提供的學術資源和指導教授的指導協助之下，考量個人的研究興趣和將來的職涯規劃，有機地將這三者整合起來，如此方能順利完成論文並取得學位。

接下來我就分別描述一下研究所有關課程、研討和論文的基本內涵。

講授課程

　　研究所的講授課程包含**學科共同**與**領域專殊**兩大類別。學科共同的講授課程是和學科知識息息相關的**認識論**（epistemology）內涵與**方法論**（methodology）訓練，也就是有關「who's who and what's what, how and why, and so what」的核心課程。這類課程通常是以諸如「○○思想」、「○○研究法」或「○○學研討」等作為課程名稱的必修科目，旨在有系統地介紹該學科領域裡面重要的學派、代表性的學者，以及堪稱經典的著作和相關的研究取徑。這些核心必修課程是要讓研究生了解整個學科領域的發展脈絡、思潮演進與重要理論，並引導學生從中尋找自己有興趣的學術領域及研究課題。然後再透過研究方法（research methods）的進階必修或選修課程，例如統計分析或是質性研究等，訓練學生逐步具備獨立研究的基本能力。

　　領域專殊的講授課程是以研究領域或特定主題加以劃分的理論課程。研究生可以依照自己的興趣，對照教授們的研究領域和學說路數，或是經由指導教授的指定／推薦，加以選修，甚至跨所、跨校選修或旁聽相關課程。這些以選修為主的理論課程，除了反映開課教授的研究興趣和理論專長之外，研究生也可以從整個課程的內容安排當中，學習教授如何在不同的學說脈絡和個別的研究主題之下，鋪排出一個有系統的課程架構，甚至形成一種獨到的論述觀點。進而在自己的論文當中，針對有興趣的研究課題，依樣畫葫蘆地建構出一個屬於自己的理論觀點和論述架構。

　　然而，這種被動地在既有課程當中選擇課程的「組合套餐」式修課方法，可能還不足以應付獨立研究和論文寫作的需求，甚至略顯消

極，只適合尚未決定論文方向的碩、博班新生，用來摸索、扎根之用。我認為，一旦確定論文方向，或是找好指導教授之後，研究生就應該設法針對自己論文深所倚重的核心理論，在所上「揪團」，敦請指導教授或是系上的老師，為你們量身打造最適合的理論課程。那麼，你就不用似懂非懂地暗自摸索理論，也不用修課、論文兩頭燒，而是有老師和其他同學，陪你一起按部就班地研讀和論文相關的經典理論，豈不快哉！如果囿於各種主、客觀因素，無法順利揪團開課，你還是可以號召有志一同的研究生們，組織一個讀書會，針對某一本書或幾篇期刊論文，大家輪流帶讀，也會有不錯的效果。實在不行，還可以看看外系或外校的相關系所有無開設你迫切需要的理論課程，前往選修或旁聽。現在已經有越來越多的大學相互簽訂策略聯盟的合約，允許並鼓勵學生跨校選修。你也可以趁這個機會多多認識和你研究興趣相近的外校師生，說不定他們日後還可能成為你學術道路上的重要夥伴。

　　此外，研究生也應該善用這些理論課程的批判閱讀機會，找出相關理論的核心論述和邏輯缺陷，並且在自己論文研究的問題意識之下，嘗試利用這些理論脈絡和概念線索的適當鋪排，逐步勾勒出自己論文的論述架構。甚至分進合擊地利用各個講授課程的期末報告，作為自己論文先期研究的理論探索。有關理論建構的相關細節，將在先期研究階段的第三章、第四章，以及正式研究階段的第五章中，進一步討論。在此只是要提醒研究生們，不要沒頭沒腦、過於隨性地胡亂修課。而是要以論文的研究方向作為主軸，有機地整合講授課程和論文研究，這樣子才能夠事半功倍地寫好論文。

　　當然，由於學科領域的差異，許多研究所在認識論、方法論等必

修的基本訓練和開放選修的理論課程之外，還有各種田野實察或資料
蒐集、分析的相關課程，研究生可視自己的需求，自行選修。在此值
得一提的是，在 1990 年代中期，我在倫敦政經學院就讀博士班的時
候，學校的方法論研究所（Methodology Institute）動員和整合了全
校各系所的師資，提供一系列的方法論課程，從科學哲學、統計分
析、研究倫理到訪談技巧，不一而足，大概有五、六十門課之多，不
計入學分，開放給研究生跨系所自由選修。我也是在「進補」和「撈
本」的心態下，修了好幾門課。我記得其中有一個訪談技巧的訓練，
還是由學校外聘幫英國國家廣播公司（BBC）做市調研究的顧問公
司，進行為期三天的密集訓練。由於有實作的練習，還限定二十個名
額，得提早登記，才能上課。方法論研究所提供的這些額外課程和訓
練，讓我獲益良多。不僅幫助我順利完成博士論文，也對我日後的學
術工作，助益甚大。而這個支援研究生的跨系所非正式課程，後來發
展成方法論的正式學系，持續提供碩士生、博士生和教職員有關社會
科學研究的教學資源，並致力於方法論的深入研究。類似的做法，或
許也值得國內的大學借鏡。它不僅可以節省各系重複開課的資源浪
費，提供院校更多的專業課程，還可藉此增進不同系所師生之間的學
術交流。

學術研討

　　除了講授課程之外，研究所最常見的課程或活動，就是各種**學術
研討**。它也是研究所（graduate school）和大學部（undergraduate）
之間，在課程內容和上課方式上的最大差異。當然，不同的系所對於

「研討」一詞，可能也有不同的解釋和定義。有的系所將研討視為一種課程進行的方式，也就是打破傳統教師講授／學生聽講的單向學習模式──**大班上課／講課教學**（lecture），改成以學生帶讀、報告為主，師生之間不斷對話的**小班研討**（class）模式。因此，研究所的空間安排也是以適合相互討論的小型**研討室**為主，裡面通常是由幾張大桌子拼湊起來或圍繞而成，沒有講台，也沒有明顯的台上、台下之別，頂多因為黑（白）板和單槍投影機設置的位置和方向，而稍有主從或前後之別，一切以便於討論為主。在這樣的學習空間裡所進行以討論為主的進階學習模式，就是研討課程。所以，廣義來說，研究所的各種講授課程，都可以稱為研討課程，尤其是以論文（包括已經出版的期刊論文和尚在撰寫的學位論文）作為研讀、討論對象的研討課程。然而，在此我所說的研討課程，是指沒有使用已出版之完整書刊作為正式閱讀文本的各種「研究討論」場合，包括演講（speech）、發表（presentation）、報告（report）、工作坊（workshop）等各種形式在內的正式和非正式研究討論。

　　依據講者和聽者之間的關係，以及研討內容的差別，以下就簡單說明各種學術研討之間的差別和關係。

1. 演講

　　各個研究所通常都會定期或不定期邀請國內外的學者、專家到所上演講，分享他們過去的學術成果或是最新的研究發現。有的系所還會將每週或隔週一次的演講定為必修課程，規定研究生一定要出席。不論來的講者是名氣響亮的大師級教授，或是才畢業沒多久的年輕學者，也不管他們演講的內容是過去發表過的學術著作，或是目前正在

進行的研究計畫，甚至一些不甚了了的研究，都是值得研究生們模
仿、學習的最佳對象。因為，只要聽得夠多，想得夠深，而且，每次
聽演講都勇於提問和積極回應，那麼，不論演講的主題是否和研究生
的論文方向一致，都有助於研究生逐漸摸索和歸納出好、壞研究之間
的明顯差異。重點是，研究生不要妄自菲薄、畏懼權威，而是要設法
站在研究者和評論者的雙重立場，從問題意識、理論觀點、研究方
法、資料分析、研究發現，以及啟發與感想各方面，以正、反、合的
辯證批判（dialectical critique）方式，就教於演講人，請他們加以釐
清。辯證批判並非一味地攻擊、批評講者的論點，而是設法從不同角
度、立場和觀點來檢視講者所提出來的理論概念和經驗資料。因此，
有效的批判提問必須先簡單歸納講者的主要論點——**正論**（thesis），
但是以反例、邏輯缺陷或其他問題提出質疑——**反論**（antithesis），
然後再請講者提出合理的解釋——**合論**（synthesis）。甚至在講者回
答之後，還可以再補充自己對於講者回
應的贊成或是反對論點，試圖找
出一個更宏觀、更周延的統合
解釋。如果研究生們能夠做
到這一點的話，相信在場
的講者、聽眾和提問人本
身，都會大有斬獲；日積
月累，自然能夠培養出研
究生該有的研究能力。

　　記得在博士班的時候，
有一次美國加州大學洛杉磯分校

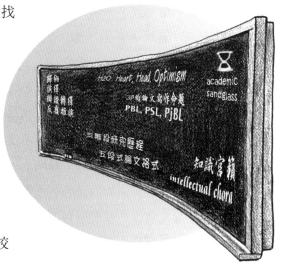

（UCLA）政治地理學及都市計畫的知名學者索雅（Edward Soja）教授到政經學院的地理系演講。席間有一個博士生提出一個問題，質疑他的理論觀點。索雅教授試圖回應，但無法有力地反擊，又被學生嗆回來，當場滿臉通紅，為之語塞。幸好主持人出來打圓場，說這個問題很有趣，演講完後可以到 Pub 裡喝杯啤酒，繼續討論，才稍稍化解尷尬。可是在場的師生都很清楚，索雅被這個聰明的學生問倒了，從眾人的表情可以看得出來，大家心裡都暗暗鼓掌叫好（當時還沒有臉書可以「按讚」！）。另外有一次，以研究全球城市著稱的哥倫比亞大學社會學家賽森（Saskia Sassen）教授到系上演講。她一開頭就說，這次要分享的研究是一個正在進行中的五年計畫，但是已經過了三年，目前碰到一些瓶頸，她非常焦慮，請大家一起幫忙想一想。聽她這麼一說，我突然理解到，這些國際知名的學者和你我一樣，在研究的過程中都會經歷許多挫折。最重要是，我們必須設身處地地貼近他們的思維邏輯，才能夠領略到箇中奧祕，進而自我打通研究功力的任督二脈。要知道，一場九十分鐘的學術演講，可能是一名學者濃縮了少則三、五年，多則十幾、二十年的研究成果。以我自身的經驗來說，準備一場演講所花費的心力，可能比準備半學期的講授課程，還要細瑣龐雜。加上「作者」本身親臨現場，有很多自己讀書或是上課不易釐清的問題，都可以藉由演講現場的即席問答，得到意想不到的解答或啟發。換句話說，聽學術演講是研究生快速累積研究實戰案例和鍛鍊批判思考能力的最佳場域之一。特別是透過這些傑出學者以過來人的角度剖析研究內涵的各種案例，可以幫助研究生快速熟悉學術研究和論文寫作的整體歷程與相關細節，甚至因此找到理想的模仿對象，進而掌握到自己論文的可能方向與大致輪廓。

遺憾的是，在台灣似乎並沒有太多研究生體察到學術演講的重要性。至少從研究生在演講場合中是否踴躍提問的「操作型定義」看來，多數研究生並未脫離大學之前被動消極的學習態度。有的研究生覺得「不好意思」，有些說「來不及反應」，還有的說「沒有問題」，這才是許多研究生的最大問題：你根本就沒有要做研究和寫論文的思想準備與具體行動。常常看到許多研究生聽演講時就兩手空空地坐在台下「聽講」，不知道作筆記和準備提問。就算舉手提問，常常也只是問一些資料來源或講述自身經驗等無關宏旨的枝節問題。其實，演講筆記的目的不是要抄錄演講者究竟說了些什麼新知，這些知識自己讀書或是上網搜尋，可能收穫更豐。相反地，我們是要藉由研究者親臨現場的難得機會，從他們的演講題目、問題意識、理論觀點、經驗資料和重要結論之間的敘述鋪陳與邏輯關係，找出值得學習的論述方式和其中的疑點，並藉由舉手提問的方式，獲得釐清。所以，演講筆記的最大功用就是練習提問和批判分析的研究基本功。而且，唯有不斷練習，這些批判提問的基本能力才會內化成你的研究慣習。下次聽演講，千萬別再說「不好意思」、「來不及反應」和「沒有問題」。演講完後，台下一片沉默，這才是對演講者的最大羞辱！

2. 論文發表和進度報告

在研究所階段，除了常聽學者專家的「成功案例」之外，研究生之間的同儕交流，也是在短時間內增進研究能力的重要途徑。因此，研究所的訓練通常也會涵蓋各種正式或非正式的論文發表和進度報告。有的系所是每學期或每學年舉辦一次大型的論文發表會，讓所有的研究生齊聚一堂，彼此觀摩、相互切磋；有的系所則是將研究生的

論文報告開設成一門課程，每學期由不同的教授負責主持，每週指定一兩名研究生輪流報告，很像論文的個案研究。我認為這兩種論文研討的形式，對於增進研究生的研究能力而言，都是必要的。前者是在簡短的報告和有限的討論之下，讓研究生快速掌握每篇研究論文的大方向和重要環節；後者則是在比較輕鬆的氣氛之下和相對充分的時間裡面，讓研究生深入研究歷程和論文內容的各個細節，二者相輔相成。再加上經常聆聽學者專家的學術演講和對照講授課程裡面的理論閱讀，研究生應該可以歸納出一篇好的學位論文該有架構和品質，並且逐步掌握其中的各個環節。可惜的是，有部分研究生只關心自己的論文發表或進度報告，認為同學的論文「事不關己」，要嘛猛滑手機，或是大腦放空，其實都是大錯特錯的學習心態，反而會讓自己變得「弱智」和「理盲」，不論花多少心思在自己的論文上面，所獲得的成果，可能都非常有限。參與論文研討的正確態度是要藉由設身處地和異地而處的不同觀點，一方面站在評論者的旁觀視野，點出研究的盲點，同時也要站在研究者的角度思考，如果是你做這個研究，你會如何如何，並將這些想法提出來討論。久而久之，你的思考分析會變得更為批判、細膩，也會讓老師和同學對你刮目相看，讓你變得更加成熟，也更有自信。輪到你上台發表或報告自己研究的時候，就可以避免許多相同的錯誤。哪怕提出的問題不夠成熟，或是思考的面相不夠周延，這都是研討課程的教學目標之一——在研究訓練的過程中大膽犯錯，並且在錯誤當中學習、成長，也就是台灣俚語所說的「互相漏氣求進步」，免得研究生一再犯類似的錯誤，反而得付出更高的代價。此外，在社會心理層面，論文研討也具有團體諮商和集體治療的神奇效果——當你了解到同學們都正為研究和論文所苦的時候，也

就沒有那麼痛苦了！反而可以透過同學之間相互的打氣、加油，一起突破論文寫作的困境。

我記得在伯明罕大學念書期間，有一次在社會科學院的博士生定期研討場合中，一位經濟系即將畢業的墨西哥研究生剛做完田野回來，正在進行博士論文的最後撰寫工作。他研究的題目是墨西哥中小企業的成功之道，所選用的研究方法是訪談墨西哥當地中小企業的企業主。面對我們這群菜鳥博士生，他的指導教授坐在旁邊，頻頻點頭，顯然對這名準博士的報告頗為滿意。但是在台灣念過MBA的我，總覺得他的研究有一個潛在的盲點。這時候我顧不得自己卡卡的破英文，舉手提問，頓時讓這名研究生和他的指導教授兩個人臉上一陣紅、一陣綠地尷尬不已。我的問題其實很簡單，既然探討的主題是中小企業的「成功之道」，所以在研究設計上，所要訪談的對象應該是已經脫離中小企業的中大型企業，或是持續生存多少年以上，經歷過特殊考驗的中小型企業，而非目前看起來OK，只有短短幾年資歷，甚至才剛剛草創的中小企業，因為難保再過一兩年，甚至他的博士論文完成前，這些「成功的中小企業」，不會面臨倒閉、破產的危機。顯然，這名博士生的研究設計出了問題，主持的教授和在場的研究生都同意我的看法，這名研究生和他的指導教授在無法回答的情況下，只能說回去再研究看看有沒有什麼補救的辦法，也不知道他最後有沒有順利畢業。我舉這個例子是要說明，研究生和指導教授往往陷溺在論文的細節中，「當局者迷」，看不到一些對局外人或門外漢一眼就能看穿的根本問題。這時候，透過研討的分享、討論，反而可以適時地排除一些自己看不到的重大問題。所以，下次再聽同學發表論文時，一定要全神貫注，有如「起乩」般地「神入」（empathize）發

表人的論文脈絡當中，相信你會有許多意想不到的收獲，讓自己的研究功力，突飛猛進、脫胎換骨，也會因此讓你的論文發展出有如銅牆鐵壁般的防衛措施，避免自己在論文發表或口試過程中，被人輕易地挑出許多毛病。

3. 工作坊

　　有些專業領域的研究所，例如景觀建築或是都市計畫等強調設計、實作的系所，在演講和論文發表、報告之外，可能也有一些工作坊性質的設計課或實習課。或是有些特定領域的研究所，例如人類學、區域研究、社會工作等系所，也常針對田野研究所涉及的特殊課題，舉辦工作坊，讓學者和研究生有機會分享他們在田野過程中遭遇到的各種經驗。我在念博士班的時候，實際進入田野之前，就曾經參加過倫敦大學亞非學院（The School of Oriental and African Studies, SOAS）為博士生所舉辦的一場海外田野工作坊。當時我的想法是，我要在英國當地做田野，這和英國人「出國」到亞洲、非洲做田野，或許有些類似的經驗值得學習。雖然工作坊中談論的問題比較多是一些關於如何在印度、巴基斯坦做研究必須了解的安全、衛生、文化課題，和我所需要的田野資訊並不相同，但是透過這些相反的例子，也讓我安心許多，有助於我在倫敦當地大膽地進入田野，進行有如「在地人類學」（anthropology at home）般的調查研究。

　　有些學會也會在年度的研討會上，專門為研究生開設論文發表或是研究研討的工作坊，甚至也有研究生自己籌組所內或跨系所院校的研究生工作坊／讀書會，這些研討都有助於研究生之間的學術交流與經驗累積。唯一需要提醒的是，研究所的修業年限說短不短，說長也

不太長，除非有特殊需求，或是所上的課程安排與學術資源實在太差了，否則應該盡可能讓這些論文研討回歸課程訓練的正規體制，例如讓講授課程變成名符其實的讀書會，讓演講、論文發表和進度報告變成研討課，讓設計課和實習課變成工作坊等，這樣子研究生才有足夠的時間從容地進行獨立研究和論文寫作的學術本分，不至於把自己搞得太累。有關研究生在學期間是否應該，和如何積極參與學術研討會的事宜，將在本書的第九章中詳細討論。

學位論文

　　研究所訓練的第三部分，也是本書試圖探討的核心課題，就是在指導教授帶領與協助之下的**獨立研究**和**論文寫作**。每所大學和各個系所對於論文指導的定位差異極大：有的系所是比照講授課程將論文開成一門獨立的必修課，有的系所則是將論文視為課程之外的獨立研究，交由研究生和指導教授自行安排，不論過程，只看結果。由於研究生的學識和經歷已經相對成熟，而且每個教授的學術理路和指導風格南轅北轍，再加上每個研究生的論文方向和身心情況也都不一樣，所以學位論文反而變成研究生最不知道該怎麼學，教授也不確定該如何教，只可意會，卻難以言傳的默會知識。本書就是試圖打破論文寫作像是一個「黑盒子」與研究歷程有如「黑暗大陸」的研究困境，設法將研究生必須暗自摸索的坎坷之途，鋪整成一條標示明確，通往知識之門的康莊大道，讓研究生得以按圖索驥、循序漸進，自行拼湊出複雜難解的學術拼圖。

獨立，但不孤立的研究歷程
與 3P/H₂O 的論文寫作

　　在正式討論如何寫作論文之前，我想先釐清和強調，論文寫作不是作文，不是坐在桌前靜下心，提起筆來（或是打開電腦，敲擊鍵盤）就寫起論文的那麼回事。它並非獨立存在的一件事情，而是整個高等教育和學術訓練的核心環節與重要平台。論文寫作必須和獨立研究的學術歷程、研究所的修課，甚至畢業之後打算從事的工作或志業，還有最重要的是研究生自己的興趣，整體考量和共同規劃。就算你在申請研究所之前沒有仔細思考過這些問題，你在研究所修業期間，最好也嘗試釐清這些問題之間的關聯性。這樣不僅能讓你的論文生產更加順利，也有助於你在未來人生的各個階段，充分展現研究所訓練所培養出來的「瞻前顧後」和「宏觀微控」能力。

　　為了讓研究生充分了解和有效掌握學術研究和論文寫作的訣竅，本書特別提出一個 3P/H₂O 的學位論文寫作命題。此處的 3P 不只是畢恆達老師在《教授為什麼沒告訴我》（2010）書中所說的學術「熱情、熱情、熱情」（passion, passion, passion），也不是將研究歷程比喻為聖經中〈耶穌受難記〉（the Passion）所描繪的身心煎熬與人間折磨，而是一個結合**問題導向學習**（Problem-Based Learning, PBL）、**問題設定學習**（Problem-Setting Learning, PSL）與**計畫導向學習**（Project-Based Learning, PjBL）的 3P 論文寫作命題。而欲達成 3P 學習的論文使命，研究生必須具備熱情的**心**

（Heart）、冷靜的**頭腦**（Head）和始終**樂觀積極**（Optimism）的 H₂O
基本態度。因為，學術研究的目的是為了徹底了解人類所處的世界，
並用這些知識來改善人類（及其他生命）的福祉。所以，對於研究生
而言，關懷世界的熱誠（心）與分析道理的邏輯（腦），缺一不可，
而且，唯有具備樂觀進取的態度，才可能將二者熔於一爐，淬鍊出智
慧的光芒。

接下來，讓我簡單說明一下研究所的 3P 學習內涵。首先，**問題
導向**的學習模式強調，研究所的進階學習必須脫離從小學到大學階段
以「上課、讀書」（有固定的課綱和教材，特別是為特定課程專門編
寫的教科書）為主的單向、被動學習模式，改為以探索問題和嘗試
「解決問題」（problem-solving）為前提的主動求知歷程。因此，學習
的前提是要先有「問題」。而研究所的課程常常是針對特定課題，提
列出一系列的書單（可能包括學術專書和期刊論文），由老師帶領研
究生一起研討。其次，這樣的問題導向學習模式，也不只是消極地探
究與回答教授在課程中所揭櫫的研究課題，而是必須在這個基礎之
上，自己設定一個有意義的研究問題，進而展現分析問題與解決問題
的學術能力，也就是所謂的**問題設定學習**。它先是以個別課程作業或
學期報告的方式出現，接著就聚焦在碩士論文或是博士論文的學習平
台上，由研究生自己提出問題，進行研究，並加以解答。第三，在問
題導向學習和問題設定學習的雙重前提之下，研究生必須在指導教授
的協助之下，自己擬定並完成獨立研究和論文寫作的整體計畫，進而
構成計畫導向學習的進階學習模式。儘管教育部對於碩、博士學位都
有最長修業年限的相關規定（碩士四年，博士七年，加上可以休學兩
年的緩衝時間），而且有指導教授從旁協助，但是所有的研究生都還

是必須在修業規定的期限之內，自己妥善規劃和確實執行研究與論文的所有事宜。最重要的是，研究計畫和論文寫作還必須和研究生的其他課業、家庭生活、工作生計、社會處境、個人興趣和身心狀況等等，相互結合或充分協商，才有可能在有限的時程內完成論文，順利畢業。

換言之，研究所的訓練是一種以個別學生為本位，以學位論文為平台的 3P/H$_2$O 獨立研究訓練——研究生擁有極大的自由度，卻也經常因此感到徬徨無助。所以，我也要提醒研究生，應該盡可能在正式投入研究和動手撰寫論文之前，先大致想好研究論文和過去的生命經驗，或是畢業之後想做的事情之間，是否可以建立某種連結關係。那麼，做起研究和寫起論文來，才會有熱情和目標。如果碩士生畢業之後想要在某個領域工作，例如，文化創意產業，那麼以這個領域的相關議題作為碩士論文的研究主題，就可以用論文當作敲門磚，幫助自己在這個領域當中找到適當的工作。同樣地，如果博士生畢業之後想從事教學和研究的學術工作，那麼博士論文將是你自己定義和學術界評量你的學術專長領域的重要指標。當然，就業考量並非選擇論文方向的唯一因素，在第三章中有關如何選擇研究課題和訂定論文題目的地方，我會提出進一步的建議，在此先不贅述。此外，我也要再次提醒，研究所的學術訓練，雖然是聚焦在研究計畫和論文寫作的雙螺旋主軸上，但它絕非孤立於研究所的其他課程之外。而且，光是只有熱情，也並不保證研究生就能寫出一篇質量俱佳的學位論文，它還需要仰賴研究所提供的各種學術資源，才能夠完備獨立研究的學術訓練。為此，我們必須完全浸潤在研究所的學術環境裡，充分享受徜徉在知識宮籟裡的幸福滋味。

下一章我將正式進入主題，揭櫫本書對於研究論文的方法序說
**——進出理論與經驗的研究歷程＋融合科學與幻想的論述之道＝知識
宮籟的學術沙漏**，並以研究歷程和論文寫作的雙螺旋關係，作為後續
討論和章節安排的基本架構。

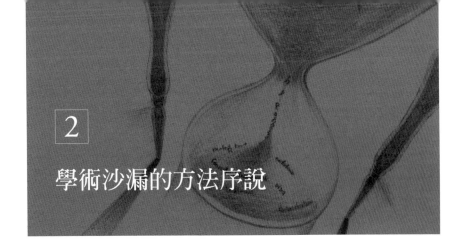

2

學術沙漏的方法序說

　　我試圖用**學術沙漏**（academic sandglass）的比喻，來說明研究歷程的不同階段，以及相對應的論文架構。這樣的**學術研究／論文寫作**命題之所以重要，是因為做學問就像在無邊無際的「學海」中航行一般。有開船經驗的人就知道，由於液態的水面和固態的地面不同，駕船和開車最大的差別在於水面航行無法瞬間加速或是立即剎車。所以，在學海當中探索航行的要訣在於研究歷程的「宏觀微控」和論文寫作的「瞻前顧後」。研究生必須大處著眼、小處著手，而且不斷前後觀照、反覆修正，才能夠一步一步地往前邁進，讓論文的各個章節環環相扣，首尾呼應，最終順利完成論文，獲得學位。

　　更麻煩的是，在研究所做研究、寫論文的**學海航行**，並非只是在一個開闊無邊的知識領域上面航行探索而已，研究生還必須潛入浩瀚的學海深處，就像心理學所描述的幽暗內心世界一般，它是一個隱藏著「黑暗大陸」的「黑盒子」。藉由不斷的發現與發明，激盪出一個內爆的小宇宙，進而讓混沌飄忽的思想靈光，點綴出一個清晰明確的**知識宮籟**。因此，研究生必須在既有知識光芒的指引之下，「反覆尋找」（re-search）和「持續探索」（dis-cover）新的理路線索和未知領域，進而到達或建構出一個理論與現實的「新大陸」。這個在知識宮籟中探索航行的跳躍歷程——也就是進出理論與經驗的學術沙漏，很

像是從不同的概念蟲洞（wormholes）進出經驗宇宙的「星際效應」（interstellar）。 它是一個「發現」與「發明」並置交錯的辯證歷程，旨在建構出一種以哲學思考和科學論述作為社會實踐的「虛擬實境」（virtual reality）。它的具體實踐就是論文寫作的「科學敘事」（scientific fiction），而其要訣在於藉由（將經驗現象）「概念化」和（將理論觀點）「操作化」（operationalization）的交替歷程，體現出以「大題小作／小題大作」連結「發現／發明」的科學敘事精神。換言之，在研究所裡做研究、寫論文，就是把原本非常複雜的經驗現象，弄成很簡單的概念問題；再把原本非常簡單的概念分析，弄成異常複雜的論述過程。如果你能夠掌握知識宮籟的基本命題與學術沙漏的方法序說，那麼要做好研究和寫好論文，也就不是什麼難事了！

三階段研究歷程和五段式論文架構的雙螺旋取徑

簡言之，本書所提出進出研究與論文的學術沙漏，是由**研究歷程**和**論文架構**交織而成的雙螺旋取徑（圖一）。在**研究歷程**部分，它可以劃分為：1. 先期研究（preliminary study）、2. 正式研究（formal research）和 3. 論文撰寫（writing-up）三大階段；在**論文架構**部分，它可以區分為：1. 緒論／問題意識（introduction/the problematic）、2. 文獻評述／理論觀點（literature review/theoretical stance）、3. 研究設計／研究方法（research design/research methods）、4. 研究發現與分析討論（findings and discussion），以及 5. 結論（conclusions）

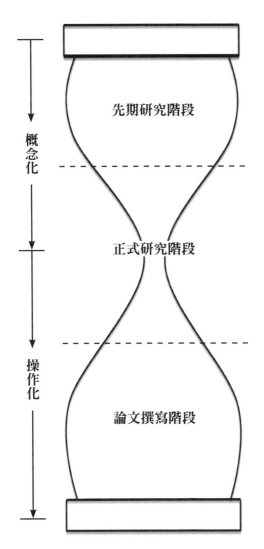

工作重點：
- 探索研究方向與擬定論文題目
- 背景文獻的蒐集、整理
- 尋找並確定指導教授
- 準備研究提案

關鍵產出：論文計畫書

工作重點：
- 理論觀點的釐清（碩論）與建構（博論）
- 研究設計
- 田野實作
- 初步資料分析

關鍵產出：〈文獻評述〉初稿、〈研究設計〉初稿、〈研究發現與分析討論〉草稿

工作重點：
- 論文一稿（初稿）
- 論文二稿（口試稿）
- 論文口試
- 論文修改及三稿（定稿）繳交

關鍵產出：論文口試稿、口試簡報PPT、論文定稿

圖一：研究歷程＋論文架構＝學術沙漏

五大部分。結合研究歷程與論文架構的學術沙漏，是一個進出經驗現象和理論觀點的轉換歷程，進而讓學位論文所關注的研究課題，在概念層次和經驗層次之間，得到釐清。由於這個先將經驗現象概念化，再將理論概念操作化的研究歷程／論文架構，很像沙漏隨著時間逐漸收斂與發散的形狀，所以我試著用**學術沙漏**為這樣的研究歷程與論文架構命名。

　　接下來我先簡單介紹研究歷程各階段的工作重點和相對應的論文產出，讓讀者對研究歷程的基本步驟和論文架構的基本格式，有一宏觀的認識。然後，我要用兩本博士論文的目錄來說明，為什麼在實證主義（positivism）的科學典範之下，一般學位論文的基本格式最好是五段式的（但是未必剛好是五章），而非其他形式。最後，本章將用英國意識流作家吳爾芙（Virginia Woolf）的女性主義經典——《自己的房間》（*A Room of One's Own*, 1929）——為例，進一步闡述五段式論文的基本樣貌。有了這些基本認識之後，我會在後面的章節裡，逐一說明各個研究階段的工作重點，以及相關論文章節的基本內容和寫作要訣。

三階段研究歷程與各階段工作重點

　　先期研究、正式研究和論文撰寫三個階段的時間劃分，大致可以用研究所入學到畢業之間的修業期間，加以均分。以二年共計二十一個月的全職碩士班為例，**先期研究階段**包括碩一上學期、寒假和碩一下學期清明節前後的七個月時間；**正式研究階段**是從碩一下學期後半

段開始，歷經整個暑假到碩二上學期中的七個月時間；**論文撰寫階段**則是從碩二上學期後半段開始，歷經寒假和碩二下學期，直到繳交論文、口試和修改論文的最後七個月。先期研究階段和正式研究階段之間的分水嶺是確認研究方向的**論文計畫書**（Research Proposal）；而正式研究階段和論文撰寫階段之間的里程碑是做好初步分析的**論文初稿**（First Draft）。

兼職碩士生或是一般全職博士生的修業時間約莫四年，所以各階段的工作時間可加倍計算，兼職博士生則至少需要六到八年的時間才能畢業。當然，不同系所領域和不同個人情況，都會讓整個研究歷程和各階段的工作時間，產生極大的差異。甚至論文撰寫的實際工作，其實早在先期研究的最初階段，就斷斷續續地開始累積。所以，研究歷程的時間劃分，只是為了便於掌控研究歷程和論文撰寫的進度規劃，使研究所以學位論文為平台的獨立學習過程，能夠發揮計畫導向學習（PjBL）的綱要作用，並非嚴格規定的學習進度。然而，由於有論文計畫書和論文初稿可作為不同研究階段劃分的客觀指標，儘管各個階段的時間可能長短不一，但先期研究、正式研究與論文撰寫的研究階段劃分，卻相當明確。再者，研究歷程各階段的時間分配，就像論文各章節的篇幅安排，若能維持一個適當的比例，也不失為一個簡單有效的操作方式。若能自我要求，嚴格管控各階段研究歷程與論文撰寫的進度，甚至預留一些彈性應變的時間，那麼最後反而提早畢業，也並非全無可能。

接下來我先簡單彙整並條列出研究歷程各階段的工作內容，讓讀者有一通盤了解。從第三章開始，再逐一說明各階段工作項目的具體內容，以及相關的操作細節。

1. 先期研究階段

從入學開始到正式提交論文計畫書的研究所前三分之一時間，研究生應該完成的先期研究工作項目包括：

- 探索研究方向與擬定論文題目（可從經驗和理論的雙重視野，擇一或同步出發）
- 背景文獻的蒐集、整理（包括學位論文／期刊論文／學術專書等）
- 尋找並確定指導教授（可以和背景文獻的蒐集分析對調順序或同步進行）
- 準備研究提案（初步的問題意識／理論觀點／研究方法）

先期研究階段的關鍵產出：**論文計畫書**

2. 正式研究階段

論文計畫書通過之後，就進入學位論文的正式研究階段。如果缺乏自我要求的內在動力和足夠的外在推力，這個階段可能拖得很長，特別是進入田野之前糾雜難解的理論建構和研究整備工作，往往是迫使研究生休學或是放棄學業的重大因素，需要格外注意。此外，田野工作期間可能需要大量接觸陌生的環境和人群，甚至必須遠離家鄉和學校，對於研究生的身心調適，是一項極大的考驗。正式研究階段應該完成的工作項目包括：

- 理論觀點的釐清（碩士論文）與重新建構（博士論文）（包含

核心文獻與相關研究的綜合評述／研究假說／概念構圖）

- 研究設計（包含方法論／研究方法／先驅研究或田野試做 pilot study）
- 田野實作（經驗資料蒐集與整理／田野筆記／擬定分析架構）
- 資料分析與研究發現（草稿／補做田野）

正式研究階段的關鍵產出：**論文第二章〈文獻評述〉初稿、第三章〈研究設計〉初稿、第四章〈研究發現與分析討論〉草稿**

3. 論文撰寫階段

田野工作正式結束之後，就進入緊鑼密鼓、閉關寫作的最後階段。一般而言，進入論文撰寫階段之後，只要工作規律、持之以恆，例如規定自己每週要完成一章（碩士論文，博士論文每章可酌增一到二週），並針對寫好的論文初稿定期與指導教授碰面討論，那麼論文的完成，只是遲早的問題。論文最後撰寫階段依序應該完成的工作項目包括：

- 論文第四章〈資料分析與研究發現〉初稿（用前一階段的〈研究發現與分析討論〉草稿與指導教授確認分析架構及敘寫策略，若分析的主題內容可以拆解成兩三個明顯差異的不同單元，也可將第四章分成四、五、六章，但以不超過三章為宜，否則可以兩兩合併變成四、五兩章）
- 第一章〈緒論〉初稿（在已知初步研究成果的基礎上，將論文計畫書的內容改寫成論文的緒論）

- 第二章〈文獻評述〉二稿（在完成經驗研究的分析討論之後，回頭重新耙梳理論文獻的鋪排陳述）
- 第三章〈研究設計〉二稿（加入實作過程和田野筆記的重要事項，並將敘寫語氣由「未來式」改寫為「過去式」）
- 第四章〈資料分析與研究發現〉二稿（檢視與增補經驗分析部分是否有效回應理論分析的概念對話）
- 第五章〈結論〉初稿（跳出研究者的立場，從「局外人」和「過來人」的反身角度扼要地彙整論文，再評述其貢獻／限制／啟發／後續研究等）
- 論文口試版（快速檢視、修改、校訂第一至五章內容，並完成書名頁、目錄頁等論文前置部分及參考文獻、附錄等後置部分後，裝訂送出）
- 口試（簡報製作）
- 口試後論文修正（三稿／完校／定稿）
- 提交論文

論文撰寫研究階段的關鍵產出：**論文口試版／口試簡報／正式論文**

4. 論文後續階段（選擇性的延長加賽）

　　在論文口試完畢，修改論文期間，或是提交論文，拿到學位之後，新科碩士或是新科博士可以進一步思考，是否要將論文修改成適當格式與篇幅的學術論文或專書，投稿到研討會、期刊或學術出版社，甚至改寫成非學術的科普書籍或其他形式的出版品。有些系所會鼓勵——甚至強制規定——碩、博士生在畢業前必須到研討會中發表

或投稿國內外期刊，因此研究生有必要在研究歷程的一開始就先想好
這些學術參與和研究論文之間的關係，審慎加以規劃，並逐步落實。
本書第九章將深入討論參與研討會、投稿期刊和其他學術出版、審查
的相關課題。這個延長加賽的論文後續階段可能涉及的工作包括：

- 研討會論文／海報（選擇性）
- 期刊論文／合輯論文（選擇性）
- 學術專書或其他出版品（選擇性）
- 其他出版品或相關提案的企劃書（選擇性）

論文後續階段的重要產出（選擇性）：**研討會論文、期刊論文、學術專書或其他衍生出版品、行動計畫等**

五段式論文架構：假設演繹法的科學敘事

　　每個研究所對於學位論文的章節架構，似乎並無統一的規定，甚
至沒有明確的規範。研究生只好仿效過去所上畢業學長姊的論文格
式，或是遵照指導教授的指示，就這麼一代一代沿用下來，變成該研
究所碩、博士論文的基本格式。似乎很少人進一步追問或提出質疑，
為什麼學位論文的章節架構要如此安排？難道不能因應研究生的研究
主題和個人的寫作風格，有所變化嗎？而且，在人文社會科學領域，
長期以來並存著**大頭仔**和**五段式**兩種不同的論文格式，更讓研究生莫
衷一是。尤其是一些跨領域的學科，往往橫跨自然科學、社會科學和

人文藝術等不同領域，研究生的論文格式，就更加紊亂了。因此，有必要在進一步討論研究歷程和論文寫作的主要內容之前，先釐清人文社會科學領域論文常見的兩種章節架構：人文與藝術領域常見的「大頭仔」格式，以及社會科學領域偏好的「五段式」論法。

簡言之，**大頭仔**的論文格式是在第一章的緒論當中，除了交代研究動機和研究目的等基本元素之外，也將整本論文的研究區域（或研究對象）、文獻評述、研究方法等核心部分，一併納入，作為正式進入研究主題前的「背景交代」。造成論文第一章的內容與頁數，明顯超過後面各章節的平均篇幅，就像一隻頭大身小的蝌蚪，姑且以「大頭仔」的論文格式稱之。其內容約當於本書稍後要談的先期研究成果──論文計畫書──的大致內容，只是遣詞用字更加明確、精準。從論文的第二章開始，一直到最後的結論之前，則針對所欲研究的主題內容，以第一章所採取的理論觀點和藉此擬定的分析架構，逐章加以描述，最後一章再作結論收尾。這樣的論文架構，也常見於人文社會科學的學術專書（monographs）。只是學術專論通常會先剔除非直接相關的背景文獻，在緒論中只提綱挈領地帶出核心關鍵的理論概念，並將重要的理論內涵搭配所欲探討的主題內容，分散到各個章節裡。

相對地，**五段式**的論文架構通常會以差不多的章節篇幅，分別呈現緒論（問題意識）、文獻評述（理論觀點）、研究設計（研究方法）、分析與討論（研究發現）和結論等論文內容的五大部分。當然，隨著研究主題和理論觀點的差異，分析討論的部分也有可能拆解為兩、三個獨立的章節，使得論文的實際章數增為六到八章，但是其整體架構還是五段式的基本格式。這樣的論文架構，則與目前大多數學術期刊論文的基本格式吻合。

　　兩相對照，你會發現「大頭仔」的論文架構在第一章〈緒論〉裡面就包含了「五段式」論文架構前三章——〈緒論〉、〈文獻評述〉和〈研究方法〉——的主要內容。因此，整個緒論的內容和篇幅就顯得非常龐大。若要將它的字數調整成和後面的章節相當，第一章〈緒論〉的內容，特別是需要詳細鋪陳和仔細交代的文獻評述與研究方法等部分，勢必得大幅刪減字數才行，就會顯得相當粗略。相反地，「五段式」的論文架構，原則上只花一章的篇幅深入探討經驗課題，相較於幾乎整本論文（除了第一章和最後一章之外）都針對研究主題仔細探討的「大頭仔」論文格式，就顯得不夠深入。

　　為了讓讀者對這兩種論文格式有比較清晰的概念，接下來分別用師大地理研究所一篇有關區域地理的博士論文，以及我在倫敦政經學院地理系的博士論文為例，簡單說明這兩種論文格式的基本差異。在下一節中，我再進一步討論這兩種論文格式背後的科學典範基礎。

論文實例一：
《馬來西亞檳城地方華人移民社會的形成與發展》

第一章　緒論
　　第一節　問題意識的形成
　　第二節　文獻的探討
　　第三節　研究方法、概念架構與研究目的
第二章　在亞澳季風環流脈動下的區域化
　　第一節　季風雨「風下之國」

　　作者在論文摘要中揭櫫，該研究試圖以「社會群系」的中間尺度概念，來理解馬來西亞檳城華人社會的形成因素與發展歷程。一方面藉以實踐區域地理學的「脈絡研究取徑」，另一方面則是透過「直觀－詮釋」的深描書寫，來呈現檳城作為一個「地方」的史地與社會意涵。全文共分七章，除第一章〈緒論〉，第七章〈前文結論與未竟之

功〉〔結論〕之外，其餘五章的主題分別為：〈在亞澳季風環流脈動下的區域化〉、〈被納入大英帝國殖民體系的檳榔嶼地方〉、〈「全球帝國主義」與檳城的區域發展〉、〈檳城華人社會的形成與發展〉、〈檳城華人社會的變貌：「神道設教」與「地域社會」的互動觀察〉等。

　　對照論文的摘要、目錄與各章內容可以看出，作者在第一章〈緒論〉當中，先是概述了研究區域檳城的概況，並提出自己的研究動機。接著依據過去學者對於東南亞華人研究文獻的分類，分別檢視了殖民官僚論述、漢學與國際研究中的華人社會與宗教、南洋研究及其時代精神，以及晚近東南亞華人研究趨勢等相關文獻（先期研究的文獻評述），進而提舉出自己如何借用自哈伯瑪斯（Jürgen Habermas）歷史詮釋觀點而來的「直觀／詮釋」循環歷程研究方法，加上紀登斯（Anthony Giddens）的地方概念，形成一個從外部環境到內部環境，以及以經濟脈絡、政治脈絡和文化脈絡來描述檳城地方變動不居的社群關係的「深描」分析（本論文的理論觀點和分析架構）。最後概述後續各章節的安排方式，結束第一章。接著從第二章開始，正式進入整個博士論文的分析文本，並依照在第一章中擬定好的分析架構，分別給每一個章節訂定適當的標題。類似的論文架構，普遍存在於中文、歷史、藝術和部分人文地理、人類學等研究領域，屬於人文學（humanity）和人文藝術（liberal arts）的描述分析方式。其研究取徑主要是擷取既有的理論觀點，截長補短後綜合出一個新的分析架構，用來理解所欲研究的某一特定時間／空間／社會／人文現象。這樣的研究取徑和二十世紀以降的科學分析，特別是在實證科學典範之下強調實證研究的科學解釋，以及植根於此的社會科學論文，有相當程度的差異。

論文實例二：

The Concept of Urban Social Sustainability: Coordinating Everyday Life and Institutional Structures in London
《都市社會永續：連結與協調倫敦的日常生活與制度結構》

第一章　永續發展的概念
　　第一節　永續發展的辯論：老故事和新觀念
　　第二節　當前的永續政策：新古典經濟學取徑
　　第三節　永續發展的概念重構
　　第四節　社會永續的深層解釋
　　第五節　論文章節安排
第二章　理論建構：批判實在論與結構化歷程理論的結合
　　第一節　哲學層面：批判實在論在社會科學中作為實證論的替代取徑
　　第二節　理論層面：結合 Bhaskar 的社會行動改造模型與 Giddens 的結構化歷程理論
　　第三節　方法論層面：批判實在論的實踐
　　第四節　小結：社會永續的脈絡分析
第三章　連結社會永續與都市問題：理論與實務的交會
　　第一節　永續的「都市」發展：社會理論的空間面向
　　第二節　都市社會永續：理論與實務的交會
　　第三節　連結都市問題與社會永續：都市社會永續的實務解釋

　　乍看之下，這篇論文共有八章，而不是五章，怎麼會是五段式的論文格式？但仔細分析，會發現第一章是〈緒論〉，第二章是〈文獻評述〉，第三章是將理論觀點連結到經驗分析的〈研究假說／分析架構〉、第四章是〈研究設計〉，第五、六、七章是〈分析與討論〉，第八章是〈結論〉。整體而言，還是比較接近實證科學的五段式論法。

　　首先，就整本論文的研究宗旨而言，它試圖在各種永續概念如雨後春筍般冒出來的 1990 年代，先釐清相關概念的發展脈絡。接著深入永續發展的根源／後果及理論／實務關係，提出結合都市發展及社會永續的核心命題──都市社會永續的新概念。藉由區分永續發展的外在物質與內在社會面向──分別命名為「物質永續」和「社會永續」，前者關心自然環境與人類社會之間的依存關係，後者關心人為

環境與個人生活之間的依存關係，作者將永續發展重新定義為個人生活及其環境之間，連結與協調生產和再生產的時空關係（第一章的問題意識是界定研究問題的概念化動作）。其次，為了深入理解都市發展與社會永續的深層關係，論文回顧了巴斯卡（Roy Bhaskar）批判實在論的複雜本體論和紀登斯結構化歷程理論的行動／結構雙元性與時／空脈絡性，為該論文準備建構的理論觀點和分析架構，奠定基礎（第二章的文獻評述是藉由相關理論的重點耙梳，鋪整出分析都市社會永續所需的理論基礎）。接著將相關的問題意識和理論觀點放入現代都市的時空脈絡當中（第三章），並且選擇了倫敦地區作為經驗研究的實證對象（第四章）。換言之，第三章的分析架構是將社會永續的問題意識（本體論）轉換為具體的都市課題（認識論），並試圖釐清將理論付諸實踐的方法論課題；第四章則是針對作為經驗研究對象的倫敦地區，具體描述有關都市社會永續的分析面向，以及有關經驗資料蒐集的研究方法和田野實作的操作過程。第五、六、七章的分析討論部分，則是依據「行動／結構」與「時間／空間」的分析架構，分別針對倫敦在就業、住宅、購物、交通四個日常生活的制度構面，進行廣泛研究（第五章）和深入研究（第六、七章）的實證分析。論文最後的第八章，則是走出論文的內在框架，重新整理整本論文的論述歷程，並指出它的研究限制和後續研究的可能方向，作為論文的結論。

　　比較這兩篇論文，除了前述「大頭仔」論文格式和「五段式」論文架構在章節安排上的基本差異之外，二者最大的不同還包括：（1）前者並未明確提出一個新的理論概念（或研究假說），只是綜合整理既有的理論觀點作為分析架構，試圖以這些歷史地理與社會文化面向

來釐清檳城地方作為華人移民社會的相關內涵；而後者則是從一開始就試圖提出一個新的問題意識，進而在理論觀點和經驗分析上帶出不同於主流永續論述和傳統都市研究的探究方式。（2）前者只是利用文獻資料進行詮釋分析，後者則加入實證研究的一手資料蒐集。想必讀者一定很好奇，不同學科領域或不同研究課題導致論文採取不同的章節架構，這樣有什麼不對嗎？誰說一定要用五段式的論文格式才行？這就必須提到從 20 世紀初期以來逐漸盛行的實證主義，以及它所提倡的科學方法。

實證主義假設演繹法的科學敘事架構

　　社會科學領域常見的五段式論文架構，究竟只是偶然與巧合，還是另有其他原因？我自己在念研究所、寫論文的時候，並不知道有這個問題。尤其是在念 MBA 的時候，看圖書館書架上過去學長姊的碩士論文和管理類的中外期刊論文，幾乎都是這樣的格式。而且，所上每年的下學期還會請哈佛大學商學院的退休教授來幫我們修改論文。儘管每個人研究的題目南轅北轍，剛開始的草稿格式也不盡相同，但是經過教授一次又一次的修改，大家的論文格式就趨於一致。同學們也不疑有他，就這樣一屆又一屆地依樣畫葫蘆，沿用這種五段式的論文架構。

　　可是，當我進入地理系教書之後，才逐漸發現論文格式的歧異問題。尤其是當有一次研究生論文發表的時候，我指導的學生在論文計畫書中分別用「問題意識」（研究動機與研究目的）、「文獻回顧」（理

論觀點）和「研究設計」（研究方法）作為未來論文前三章的主標題時，竟然引起系上一位資深老師的勃然大怒，指責該名學生膽大妄為，膽敢擅自竄改系上以「緒論」涵蓋研究動機、文獻回顧和研究方法（或研究流程）的論文格式傳統，讓我瞠目結舌、震驚不已。我心想，我們平常讀到的學術期刊論文，不論是英文期刊或是中文期刊，它們容或在章節標題的遣詞用句上有些許出入，但不都是類似的五段式架構嗎？至少我在倫敦政經學院地理系就讀時，看過的博士論文或期刊論文，也都是這樣的結構。到底出了什麼問題？

於是，我開始搜尋文獻，試圖找出這兩種論文格式背後的知識論（epistemology，或稱為認識論）基礎，也就是科學知識的性質與範疇，特別是知識取得的途徑與它讓人們合理相信的理由。這才發現這兩種論文格式分別代表傳統人文學科和現代社會科學，兩種截然不同的研究取徑和論文架構。在傳統人文學科的研究取徑下，論文的研究「解釋」強調自成一格的系統性見解，所以只要在緒論中羅列對於相關課題既有的分析觀點，從中選取或加以組合，甚至另闢蹊徑提出自己不同的分析架構，然後據此考察所欲觀察、分析，甚至詮釋的經驗對象，再依照這個架構有系統地加以描述分析即可。我將這種頭大（第一章）、身體瘦長（其餘各章）的論文架構稱為「大頭仔」的論文格式。它具有以下幾個特徵和潛藏的問題：

1. **論文內容與章節篇幅的不對稱關係。**由於在第一章有限的篇幅裡，要塞下從經驗現象到問題意識的研究動機與研究目的，還必須批判回顧國內外對於相關課題的研究取徑，並從中歸納出有用的理論觀點作為論文的分析架構，同時還得仔細交代如何擬定具體的研究策

略和實際操作的研究方法，有的論文甚至還在此具體描述研究區域或研究對象的基本概況，其內容幾乎已經超過半本論文的分量。就算研究生意識到這個問題，想要設法在內容精緻度和章節篇幅間取得平衡，恐怕也是一件不可能的任務。所以，採取這種論文架構的緒論章節，要嘛就是寫得非常簡略，和後面章節的充足篇幅和深入程度，明顯失衡，形成「大腦簡單，四肢發達」的狀況；要不然就是第一章的篇幅超載，可能佔掉整本論文三成以上的頁數，形成頭重腳輕的狀態。

2. **理論化程度不足的問題**。由於整本論文詳細討論理論概念的篇幅只有第一章中的三分之一左右，如果整本論文共有五個章節，又要維持各章篇幅相當，那麼整本論文大概只有十五分之一篇幅是聚焦在抽象概念的理論分析層次，其中可能還包含回顧過去碩博士論文如何探討相關課題的背景文獻，所以整篇論文的「理論匱乏」程度，可能相當嚴重。這對理論要求程度相對較低，著重理論應用的碩士論文而言，或許還不是太嚴重的問題。但是對於要求學術原創性，特別是理論洞見的博士論文而言，這種「大頭仔」的論文格式，恐怕相當不利於理論思考和概念耙梳的批判論述，反而使論文容易流於現象表面的歸納描述，難以深化。除非作者已經多次進出理論觀點和經驗現象的分析，融會貫通，而且經過層層改寫，能夠深入淺出地在緒論中具體掌握整本論文的核心環節，進而將細緻的理論概念和經驗現象交織於後面各章的具體論述當中，或許還說得過去。而這正是許多理論功力深厚的學術專書經常採用的敘寫策略。問題是，新手上路還在學步階段的博士生是否有能力做到這種高難度的學術創作，恐怕不無問題。

　　3. 難以普遍化的問題。由於採取這種論文格式的研究經常聚焦在特定的（經驗）課題上面，加上缺乏足夠的概念分析與理論探討，使得整篇論文充滿了描述性的分析內容，但是整個研究發現卻很難以抽象的理論概念加以普遍化。換言之，「大頭仔」的論文形式，系統性有餘，但科學性卻不足。所以，這樣的論文格式比較常出現在中國文學、歷史、（區域）地理、藝術等傳統人文學科的學位論文中。至於政治、經濟、社會、心理、教育、管理、人類學等 20 世紀之後才蓬勃發展，以實證科學**假設演繹法**（*hypothetico-deductive* method）為基礎的社會科學領域，則紛紛採用科學方法的五段式論文格式。如果你不是人文學科的研究生，卻要使用「大頭仔」的論文架構，特別是要用它作為博士論文的論述架構，恐怕就得三思了。至於博士論文和碩士論文的差異之處，將在第五章中進一步討論。

　　此外，我也在想，這樣的論文架構，會不會和不同領域和系所訓練研究生的方式不同有關。我之所以會這麼說，是因為這幾年除了指導我們自己系上的博士生之外，我也帶過幾個其他系所的博士生。我發現他們並不是一入學之後就積極展開他們的博士論文，甚至以此整合整個研究所的修課規劃。相反地，他們會等到博士班三年級通過資格考之後，才積極找尋指導教授，正式展開他們的論文研究。甚至在正式撰寫博士論文之前，必須先以不同於博士論文內容的其他文章，投稿學術期刊並獲得刊登之後，才能夠正式提出論文計畫書。換言之，他們只有兩年左右的時間做研究和寫論文，所以整個論文的深度和廣度，自然而然地受到相當大的限制。這時候，「大頭仔」的論文格式，反而成為一種「剛剛好」的敘寫框架。它讓博士候選人得以在

有限的時間內，針對特定的研究課題，先回顧相關的理論學說，從中選擇或綜合出一個還算可以自圓其說的分析架構，然後以此架構對論文的研究課題進行探討，就算大功告成。嚴格來說，這樣的博士論文和一般的碩士論文，並無太大的差別，頂多只是理論探討的深度較深，經驗分析的內容較細，還有論文的篇幅稍長一點，約當於英國大學高級碩士或副博士（Master of Philosophy, MPhil）的學位論文。所以，對於這些系所而言，博士論文只是評量研究生是否合格的要件之一，而非全部。否則，在這麼短的時間內要他們完成一本在理論創見上博大精深，在內容篇幅上「擲地有聲」的博士論文，勢必得延長修業年限到五年、六年，甚至七年、八年之久。所以，或許我們得回頭思考和重新調整研究所的訓練模式，才能夠徹底釐清研究歷程和論文架構之間的密切關係。

同樣地，在人文地理學的研究範疇裡，類似的研究取徑也主宰了19 世紀末期到 20 世紀中期的區域地理研究傳統。但是到了 1960 年代之後，實證科學的風潮終於從經濟學、社會學等積極向自然科學靠攏的社會科學領域，吹向人文地理學界，興起一股以實證科學為師的**空間科學**（spatial science）旋風，大量運用科學方法的研究步驟與統計分析的研究工具。[1]當時才三十多歲的英國地理學大師哈維（David Harvey）更開風氣之先，出版了《地理學中的解釋》（*Explanation in Geography,* 1969）一書，闡述科學解釋的重要性，進而告別區域研

---

1   參閱 Johnston, R. J. (1986). *Philosophy and Human Geography,* 2nd ed. London: Edward Arnold. Chap. 2；以及 Cloke, Paul, Chris Philo and David Sadler (1991). *Approaching Human Geography.* London: Paul Chapman Publishing. chap. 1.

究的傳統，投向實證科學的懷抱。[2] 儘管從 1970 年代之後，人本主
義、馬克思主義、實在論、後現代主義、女性主義等社會思潮風起雲
湧，包括哈維本人在內的人文地理學者都不斷調整他們的理論視野和
研究方法，但是在舊傳統尚未完全崩解，新典範也未確立的 21 世紀
初期，這個從 20 世紀 20～30 年代奠定下來，在 1960～70 年代發
揚光大的實證科學典範，至今卻依然主宰著大部分人文地理學位論文
和期刊論文的基本格式。同樣的情況也存在於政治、經濟、社會、心
理、教育、管理、人類學等社會科學領域，以及越來越多跨領域的研
究範疇。遺憾的是，有不少指導教授和許多研究生，只是「知其然，
卻不知其所以然」地沿用既有的論文格式。就算採取了新的科學哲學
立場或是發展出不同的理論觀點，在「形式追隨功能」的前提之下，
理應發展出不同的論文敘寫架構，卻因為對於實證科學的科學敘事模
式不明就理，因襲沿用，反而因此削弱了整篇論文的論述力道，是很
可惜的事情。更糟糕的是，還有少數實質內涵已經是實證科學的學位
論文，其論文格式卻還沿用實證科學興起之前的人文／區域研究典
範，問題就更嚴重了！

　　為了弄清楚實證科學五段式論述格式的道理，在此我要非常簡要
地交代一下整個實證科學的來龍去脈。它起源於 19 世紀法國哲學家
暨社會學家孔德（Auguste Comte）所出版的一系列實證哲學著作，包
括《實證哲學進程》（*The Course in Positive Philosophy*, 1830-1842）、
《實證主義概論》（*A General View of Positivism*, 1865）等。孔德指
出，人類知識已經從神學和玄學（形上學）演進到實證科學的階段，

2　　Harvey, David (1969). *Explanation in Geography*. London: Edward Arnold.

透過系統性的經驗觀察和概念分類來探求事物之間的關係，如此獲得的知識才是客觀、可靠的。然而，這樣的實證科學，還處於歸納描述的啟蒙階段，難以跳脫倒果為因、同義反覆的套套邏輯（tautology）。於是，以 1920 年代維也納學圈（the Vienna Circle）為代表的邏輯實證主義（logical positivism），在史齊立克（Moritz Schlick）、卡內普（Rudolf Carnap）、尼爾拉斯（Otto Neurath）、海漢（Hans Hahn）、韓培爾（Carl Hempel）及波普爾（Karl Popper）等人的帶領之下，將孔德實證主義的「科學描述」推進到邏輯實證主義的「科學解釋」階段。邏輯實證主義認為，唯心哲學家康德（Immanuel Kant）所說的先驗真理和傳統神學的規範命題是沒有意義的。相反地，科學知識必須建構在數學邏輯和經驗觀察的基礎之上。特別是波普爾在《世界的邏輯構造》（*The Logic Structure of the World,* 1928）一書中指出，科學知識的建構必須透過感官經驗來證實（verify）或確認（confirm）一些自然法則的科學假設，接著在《科學發現的邏輯》（*The Logic of Scientific Discovery,* 1934）一書中，更將「證實／確認」的強命題修正為**否證**（falsification）的弱命題，進而發展出廣為自然與社會科學各學科所接受，以「假設演繹法」（*hypothetico-deductive* method）為根基的**科學方法**（scientific method）。

　　簡言之，**科學方法**是一套有系統尋求知識的程序，它涉及了問題的認知與表述、假說的建構、經驗資料的搜集與檢測等從歸納到演繹的操作程序。科學方法的步驟包括：（1）仔細地運用人類的感官，在相關儀器的輔助之下，去觀察和記錄自然環境或實驗中的種種現象。（2）運用已知的各種理論，對於觀察所得的現象，加以解釋。（3）利用上述的經驗現象和理論解釋建構出一組假說，並以此對於可能發

生的現象，提出預測。（4）透過進一步的觀察和實驗去檢測預測的結果是否成立，並且根據過去的經驗和邏輯的推論，對預測的結果提出評價。（5）對這一整套經驗觀察、理論解釋、假說預測、資料檢測的結果，作成結論。必須注意的是，如果相關的經驗資料支持假說所預測的現象時，並非直接作成「證實」或「確認」假說為科學理論的結論，而是保守的宣稱暫時沒有充分證據「否證」假說命題為偽，因而暫時接受假說成立的「假說演繹」命題。透過科學哲學的反覆辯證，這樣的「科學方法」廣為自然科學和社會科學各領域所接受，進而形成「假設演繹法」科學論文的五段式格式：（1）緒論──由經驗現象建立問題意識；（2）文獻評述──由理論解釋提供概念分析；（3）研究設計──利用假說模型提供經驗預測；（4）分析討論──搜集經驗資料檢驗假說預測的有效性；（5）結論──藉由研究過程的整體評價，確立科學發現的合理解釋。實證科學假設演繹法的研究步驟和相關的敘寫架構，一直沿用到今天。儘管在 1980 年代之後，邏輯實證主義和所謂「科學方法」的「預測解釋」科學典範不斷受到諸如批判實在論和後現代主義等有關「深層機制」或「片斷差異」的嚴峻挑戰，然而，假設演繹法五段式論法的**科學敘事**架構，目前依然是廣為各領域所接受，最穩當的學位論文格式。

最後，為了充分說明從「科學描述」演進到「科學解釋」的實證主義科學敘事架構，我要借用 20 世紀上半葉英國意識流小說家吳爾芙開啟當代女性主義思潮的代表作之一《自己的房間》，作為假設演繹法五段式格式的具體案例，讓讀者充分領略科學敘事文以載道的強大說服力。

科學敘事的經典案例：
吳爾芙的《自己的房間》

　　《自己的房間》是吳爾芙將她在劍橋大學紐翰（Neunham）與戈頓（Girton）兩所女子學院演講的兩篇講稿，重新整理，並以《自己的房間》為名出版的**論文**（essay）。全書共有六章，並無章節名稱，只以數字標示。第一章開頭，吳爾芙用自己在康橋河畔思索的第一人稱口吻，罕見地以「但是，你們或許會說」的轉折語氣開頭，精闢地道出〈婦女與小說〉的演講題目和「自己的房間」之間，關係微妙的論述主題。接著，吳爾芙用兩件具體事件來鋪陳女性為何被摒棄在學術殿堂之外的問題意識。第一個事件是她看到學院的草坪，滿心歡喜地衝上前去，卻被學院的警衛喝斥，因為只有院士和學者可以跨越草皮，她只是區區一名女子，必須走在碎石路上。第二個事件是她離開草坪之後，來到圖書館前，想起圖書館中藏有許多英國詩人和小說家的手稿，想一睹這些手稿的風采，卻又被圖書館穿著黑袍的門房擋了下來，表示女性必須有學院人員的陪伴，或是他們的介紹信，才得以進入。這真的讓吳爾芙氣壞了，接著雖然又路過一座教堂，低沉的管風琴款款地召喚著她，但是她決定即使自己有這個權利，她也不願意進入教堂，誰知道會不會冒出一個管事，要她出示受洗證明或是神父的推薦信（多麼幽默啊！這也是學術研究和論文寫作該學的智慧與藝術）？這接二連三的事件讓她不禁思索，為什麼自古至今，女性一直被摒棄在大學的學術殿堂之外？是男性的資質較高，還是女性的處境

較差？為何男性飲酒，女性飲水？從這些線索可以看出，作為緒論的第一章旨在引出全書核心的問題意識，也就是女性與小說背後更深沉的男女差異問題。

　　第二章的場景回到倫敦大英博物館的圖書館內。吳爾芙試圖從汗牛充棟的書架上，找出合理答案：關於男女差異，或是女性不適合接受高等教育的科學解釋？她發現，古往今來有無數男性學者對於女性的研究，其中充斥著各種對於女性的偏見和誤解，卻沒有任何一篇女性學者對於男性的研究。同樣的情況也可從隨手可得的報紙中看出，英國社會如何臣服在父權體制的統治之下。同時，吳爾芙在離開圖書館之後，在餐廳用完餐付錢的時候，因為還在想著男女差異的研究課題，忘了自己究竟付帳沒，由於錢包裡的現金似乎並未短少，這讓她想到，如果女性在經濟上不虞匱乏，或許就有機會上大學，追尋寫作或是其他志業。從論文寫作的情境脈絡來看，第二章在大英博物館裡面的文獻搜尋與歸納整理，就像試圖找出理論解釋的文獻評述。

　　在第三章中，吳爾芙從大英博物館返家之後，陷入長思，並且從書架上崔弗林（G. M. Trevelyen）教授所寫的《英格蘭歷史》（*History of England*）書中有關女性地位的章節，找到靈感的來源：如果英國劇作家，大文豪威廉・莎士比亞（William Shakespeare）有一個聰明才智和他不相上下的妹妹，就叫她朱蒂斯（Judith）好了，那麼朱蒂斯的下場會如何呢？對照英國女性的歷史處境，朱蒂斯如果不是臣服於女性的宿命，早早結婚生子，甘於平凡地了此一生；要不就是對抗女性宿命的枷鎖，逃離家鄉，試圖在倫敦的劇場一展才華，實現夢想，然最終卻在冬夜裡含恨自殺，客死在倫敦的黑街暗巷裡。因為自古以來，除了家庭之外，英國社會並沒有女性天才可以發揮的舞台。

即使是 19 世紀一些才華洋溢的女性作家，例如庫瑞‧貝爾（Currer Bell）、喬治‧艾略特（George Eliot）、喬治‧桑（George Sand）等人，都必須隱姓埋名地用男性筆名來出版作品。只能說，16 世紀的英國女性，如果有很高的文學天分，那真是不幸。換言之，吳爾芙試圖在第三章中提出莎士比亞的妹妹朱蒂斯，作為論述女性與寫作的**策略性假說**（strategic hypothesis），來預測及解釋女性天才在英國社會難以發揮的結構性因素。

在第四章和第五章中，吳爾芙分別考察了 16 到 19 世紀之間，女性與小說寫作之間的關係，特別是居家空間和家務工作對於女性創作的箝制，來論證「自己的房間」作為女性與小說的核心命題。前者——也就是英國從 16 世紀以來沒有女性獨立自主空間的居家環境，使得英國女性就算具有寫作天分，也難以發揮；就算勉強為之，多半也是以生活周遭居家事物為主的抒情小說，難以追求詩詞哲學或是描寫外在世界的史詩作品。而後者——也就是英國的社會環境並不鼓勵或是支持女性追求家庭以外的事業，包括學術研究、書寫創作，或是其他專業。如果這兩種女性處境得以改變，那麼女性要成為詩人或是實現任何夢想，都只是遲早的問題而已。換言之，第四、五兩章試圖從 16 世紀以來，英國具體的居家環境和社會環境來分析，女性為何難以創作小說的環境限制。從論文寫作的架構來看，這兩章剛好是用研究假說來預測經驗現象，並用實際資料加以檢證的分析、討論。

最後在第六章，吳爾芙提出她最重要的兩項結論。那就是，女性如果要以寫作為業，她必須（1）每年有五百英鎊的收入（經濟獨立）；（2）一個可以上鎖的房間（空間自主），那麼，女性終將發揮她們的天賦與秉性，創作出偉大的文學作品。剩下的，只是時間遲早的問題

而已。由此可知，最後一章試圖從上述分析中，得出一個具體明確，而且得以付諸行動的關鍵命題──自己的房間，作為本書的結論。最巧妙的是，吳爾芙特地以此作為書名，並且在書的一開頭就故意破題切入這個主軸，形成首尾呼應的完整論述。此外，在最後一章中，吳爾芙還利用寫景與思緒的連結，帶出唯有同時兼具男性和女性這兩種秉性，才得以成就一個偉大的心靈，使人類獲得最大幸福的陰陽同體（androgyny）主張。這可以說是整個論述主軸之外的意外收穫，也是後續值得開展的另一課題。

　　綜觀吳爾芙的《自己的房間》，雖然早在 1929 年就已出版，但是書中除充滿了意識流作家的文學風采之外，更具體展現出社會科學的批判思考與實證科學的邏輯思維。它作為一本「科學敘事」的女性主義前衛經典，不僅與 1920 年代維也納學圈的邏輯實證主義發展並駕齊驅，甚至比波普爾作為邏輯實證主義的代表作《科學發現的邏輯》（1934），還早五年出版。因此，我誠摯建議所有人文與社會科學領域的研究生，不論你是否專注在性別研究的領域，都應該仔細研讀吳爾芙的《自己的房間》，因為它是充分展現假設演繹法五段式論述的最佳範例，更是引領每一個研究者，回頭反思自己研究動機與檢驗整個研究歷程的最佳實例。堪稱經典中的經典，切勿錯過！[3]

3　除了張秀亞（天培文化）和陳惠華（志文出版社）的中文譯本之外，我要特別推薦古柏（Susan Gubar）註解與導讀的英文版本（Woolf, Virginia. 1929/2005. *A Room of One's Own*. Annotated and with an introduction by Susan Gubar. Orlando: Harvest Book）。她對書中提及的地名、場景、人物、著作等，都有非常詳細的註解，有助於讀者深入了解全書的內涵。

· 先期研究階段 ·

3

先期研究的整備工作

先期研究階段工作重點：

1. 探索研究方向與擬定論文題目

2. 背景文獻的蒐集、整理

3. 尋找並確定指導教授

4. 準備研究提案

先期研究階段的關鍵產出：**論文計畫書**

　　研究生，不論是碩士生還是博士生，在剛進入研究所之後，立即就有明確的研究方向，甚至具體的論文題目，固然可喜，但也可能因此阻礙朝向其他更具學術潛力的方向發展的可能性。因為不明就裡地展開正式研究，特別是在研究所這個學術養成階段的關鍵時刻，極可能把研究做小、做偏、做錯，甚至重複別人早已做過的研究，而不自覺。長遠來看，反而得不償失。所謂「學貴慎始」、「謀定而後動」，台灣諺語也有所謂的「緊事緩辦」；研究所階段的論文研究，也應如此。因此，建議研究生至少投注一學期（碩士生）或一學年（博士生）的時間，利用講授課程和研討課程的「明察暗訪」，從理論文獻的廣泛閱讀，對照系上教授的學術專長和學長姊們的研究方向，還有審度

當前台灣社會的重大課題或所屬學科領域的發展趨勢，重新釐清自己論文想要研究的可能方向。在這段期間，有些研究生可能遵照申請研究所時所擬定的研究計畫，有了初步的研究構想，甚至已經找好指導教授，按部就班地展開定期的論文會談，因為有部分研究所規定（博士生）必須先確定指導教授之後才接受入學。另一方面，可能也有一些研究生還沉醉在剛考上研究所的喜悅當中，飄飄然地享受不用點名，睡到自然醒，日日聚餐，週週狂歡的愜意生活。特別是在國外念研究所的初期，最容易陷入這樣的險境而不自知。不論你的進度太快，或是腳步太慢，我都要提醒研究生，應該善用研究所第一學期（學年）的初期階段，敞開心胸和睜大眼睛，有條不紊地展開先期研究的探索與奠基工作，並且以此作為確認研究方向和指導教授的敲門磚。

「完全浸潤＋熱情抽離」的研究醞釀階段

在第一章中我曾經提到，研究所的學術訓練是講授課程、研討訓練和學位論文三位一體的共構關係──獨立研究的共同學習必須仰賴融合問題導向學習（PBL）、問題設定學習（PSL）、計畫導向學習（PjBL）和熱情的心（Heart）、冷靜的頭腦（Head）、樂觀積極態度（Optimism）於一爐的 3P/H_2O 學習模式。因此，研究生應該有意識和有計畫地從切身關心的社會課題／經驗現象和課程所學的抽象概念／理論脈絡當中，交疊出自己有濃厚興趣，而且兼具社會意義與學術價值，值得深入研究的問題，作為論文研究的起點──也就是如何意

識到重大問題及其核心關鍵的**問題意識**（the problematic）。最理想的方式就是利用講授課程的穿針引線和研討課程的觸類旁通，對照自己的研究興趣，逐步鎖定具體的研究課題。更具體地說，研究生在整體課程規劃的選課安排上，還有各個課程在認領帶讀／報告單元時，都可以刻意選擇自己有興趣的方向，作為仔細研讀和深入探索的對象。而且，在帶讀／報告的上課過程中，你也可以配合研讀的主題／內容，帶入具體的經驗課題，例如過去的生活經驗或是目前媒體熱烈討論的時事話題，和老師及同學們討論，練習利用抽象的理論概念來分析具體的經驗現象，進而試著歸納出類似研究假說的概念命題。甚至可以利用這些具體的經驗課題和相關的理論概念，草擬出一個大致的研究課題，作為期末報告／小論文（term papers/essays）的題目。甚至可以直接用這些期末報告／小論文，為論文研究作先期準備。

　　值得一提的是，這些年來我觀察我們系上研究生的修課狀況，發現有不少研究生喜歡在頭一、兩年的時間裡（碩士的第一年，博士的頭兩年），就把所有的課程都修完。據他們說，這樣子第二年（之後）就可以心無旁鶩地專心寫論文。我不知道其他學校或是不同領域研究所的學生是否也都如此，它也有可能只是「師大」研究所的特殊現象。因為我們有許多碩、博士生是國、高中的專任教師，但是他們同時也是全職的研究生。其中有不少人是以在職進修的方式回學校念書，每週抽一、兩天的時間請假到研究所上課；僅有少數人是以留職停薪的方式來念研究所。不論是前者或後者，念書的「機會成本」都相當高，所以盡可能用「速戰速決」的方式念研究所。我可以理解，也非常體諒在職進修的辛苦，甚至很敬佩他們積極進取的上進心；然而，我也對這種講求「速效、兼得」的研究所讀書風氣，感到憂心。

　　道理很簡單，以碩士班兩年二十八個畢業學分來說，如果研究生要在第一年修完所有畢業學分，研究所一門課可能是兩學分或三學分，所以一學期必須修五到七門課，每週上課十四小時。「理論上」（請注意，這只是應然，而非實然！），以研究所課程教材閱讀的質與量，以及上課必須輪流帶讀／報告的傳統上課方式而言，每一小時的課程至少得花費兩、三倍（平時）到四、五倍（輪到帶讀或報告）的時間準備，加上上課的時間，所以一週至少得花費四、五十個小時（以兩倍時間研讀教材計算），甚至高達七十小時（以四倍時間研讀教材和準備報告計算）在研讀教材和實際上課上面，遠遠超過一個全職學生的課業負擔。而且，研究生每週至少也得投注一、兩天的時間，同步思考和持續進行學位論文的研究／撰寫工作。就以兩個半天八小時估算，那麼研究生一週花在課業上的時數少則六十小時，甚至可能超過八十個小時，幾乎是兩個全職工作的工作時數。我猜想，除非是天資聰穎，而且是非常勤奮、用功的全職學生，除了讀書、研究之外，完全心無旁騖，否則這幾乎是「不可能的任務」。這時候，如果留職停薪，以全職生的方式來念研究所，或許還勉強可行。但是偏偏有一些研究生依然維持全職的工作狀態，卻又想在一年之內修完所有學分，其修課品質和理論基礎，可想而知。另一方面，在研究所的後半階段，如果只把自己關在論文的象牙塔裡，不和系上的老師和同學們保持聯繫，反而容易鑽牛角尖，陷入死胡同裡，把自己弄得緊張兮兮、身心俱疲。特別是論文進展不順利的時候，極可能半途而廢。這時候如果每週能抽空回到學校上一、兩門課、聽聽演講和參與同學們的論文報告，反而有調劑放鬆和觀摩示範的作用。特別是知道其他同學的論文也做得很辛苦的時候，自己也就不會那麼焦慮了。而且，

經由同學之間的經驗交流，在寫論文的時候也可以避免許多相同的錯誤，這樣不是比較好嗎？

我自己就曾經碰過有一門研究所的選修課，上課討論的氣氛始終不佳，問學生教材內容的問題，大家也答得七零八落，只有負責帶讀的同學稍微好一點。於是，有一天上課時我索性檢查每一個人的課本，才驚訝地發現全班只有帶讀的同學有讀書，其他同學的書本上都一片空白，大家只是「輪流作莊」，沒有輪到帶讀的時候，就當作到課堂上「打卡」，被動地聽課，當然沒有辦法參與討論。就算發言，往往也只是說些沒有營養的直觀經驗，或者提問書本上已經說得很明白的基本定義，根本不像研究所的理論課程。難怪他們有辦法一學期修五門課，一年之內把所有學分修完。在萬不得已的情況下，我只好使出連我在大學部上課都未曾使用過的殺手鐧——每次上課時，先用半小時的時間隨堂考，順便檢查一下同學們的書本，逼沒有輪到帶讀的學生也必須先讀書才能來上課。上課討論的氣氛和內容，才有明顯的改善。甚至有同學（而且是比較認真的同學）覺得這麼做的效果很好，建議我以後研究所的課程都應該如法炮製，讓我哭笑不得。其實，要解決這個問題，除了研究所應該嚴格落實全職學生（full-time students）和在職學生（part-time students）之間的修業規定外（例如在職碩士生必須至少修業四年才可取得碩士學位，在職博士生必須至少修業八年才可取得博士學位，或是配合不同的學費政策，酌減在職學生的學費），研究生也應該回頭檢視自己念研究所的原始動機，以及做學問的基本態度，特別是博士生。因為博士學位不應該只是進入特定職業的門票，它更是值得追尋與付出的終身志業（PhD is a life-time career）。

　　我認為，同學們都太精明了，結果聰明反被聰明誤。因為囫圇吞棗的結果，理論的根基絕對不會穩固，就算寫完論文，拿到學位，論文的品質也著實堪虞。將來午夜夢迴之際，特別是升官發達之後，不免心虛，怕別人把自己當年胡亂拼湊的論文起底，拿出來檢視。更重要的是，研究所階段是人生最寶貴的黃金時期，如果只是在「忙、盲、茫」的慌亂步調中，倉皇度過，實在很可惜！我甚至認為，念研究所，特別是念博士，要有一股傻勁，願意將生命中最寶貴的黃金階段，「浪費」在研究所裡，整天浸潤和徜徉在知識宮籍的學海當中。長遠來看，你花在這裡的時間越長，投注的心力越多，最終的收穫也會越豐碩。特別是到國外念研究所，雖然金錢、語言、文化、社會各方面的困難，都比在國內念研究所辛苦，但反而更容易心無罣礙地全心投入。就像周星馳電影《食神》裡，食神遠赴內地深山，進入「中華廚藝學院」的少林禪寺中，閉關深造，終得脫胎換骨，修煉得道。至於「黯然消魂飯」和學位論文的關係，稍後再進一步說明！

　　其實，在研究所修煉的要訣，就像羅克林（Terry Laughlin）《輕鬆有效的魚式游泳》（*Extraordinary Swimming for Every Body*）書中所說的游泳技巧，[4] 首在充分展開自己的身軀，讓它完全浸潤在水中，這時反而更能藉由水的張力和浮力，有效率地擺動肢體和自在地換氣，悠游前進。同樣的道理，同學們在研究所做研究、寫論文，切記要將自己的身心靈**完全浸潤**（total immersion, TI）在知識宮籍的學海當中，如此方得一窺學術的堂奧，也不枉花費那麼多的時間和精力到研究所「深造」。因此，在研究所階段比較理想的修課模式（若是將

4　Laughlin, Terry著，項國寧譯（2007）。《輕鬆有效的魚式游泳》。台北市：聯經。

論文研究也視為一個修課模組），應該是以「漸弱／漸強」（*crescendo/ diminuendo*）的搭配方式，在整個修業期間適當地調配講授課程（漸弱）和論文研究（漸強）之間的關係。以碩士班兩年四學期為例，那麼這四個學期可以用修習四門、三門、兩門和一門課的 4、3、2、1 漸弱方式修課，但是投注在論文和研究的時間和強度則以 1、2、3、4 的比重逐漸增加，所以每個學期修課加論文的課業負擔都維持在五個課程模組左右，以每個課程模組三學分，每個學分需要三小時的時間計算，每週維持四十五個小時左右的課業分量。另外再加上每週五個小時左右的研討訓練（包括聽演講、論文發表／進度報告、研討會、工作坊等），平均每週大約是五十個小時的課業分量，其實並不輕鬆。換言之，除非你是真的「出於興趣」，那麼你就會充分享受完全浸潤在知識宮籟裡的智識喜樂，甚至有如工作狂般地自我剝削；否則，若是「迫於生計」才念研究所，那麼研究所的整個訓練過程，絕對是一件如坐針氈的苦差事。

　　回到先期研究階段究竟如何整合修課安排與論文研究的課題。在第一章中曾經提到，可以利用修課的帶讀／報告和期末報告／小論文來思索論文研究的可能方向，甚至利用不同科目的報告／小論文內容，逐步建構起論文所需的論述紋理。它再次彰顯出 3P/H₂O 的整合學習取徑在研究所階段的重要性。研究生應該以自己的研究興趣來安排課程，並且盡可能把每一門課的精華（包括理論觀點、經驗課題和論述技巧），**收斂**到自己的論文平台上；而不是讓自己有限的時間和精力，**發散**到不同課程的其他脈絡裡。如果研究生無法精準地做到 PBL/PSL/PjBL 的整合工作，讓研究所階段的「小宇宙」繞著你的論文主軸運行，那麼我建議你應該設法在各科講授課程的帶讀／報告

中，搶到一個有利的「先發」位置，盡可能主動爭取學期課程前半階
段的帶讀或報告，除非你有興趣、而且可能和論文研究有關的主題單
元是被安排在課程的後半階段。在講授課程中爭取「先發」有兩大好
處。一是越早報告，就可以儘早把時間空下來，好整以暇地專注在自
己的論文上面，或是提早準備期末考／期末報告。二是越早報告，就
越早無事一身輕，頭腦也跟著放鬆、清楚起來，可以仔細觀察和用心
學習老師和同學的思考及論述路數，有助於批判思考的進階學習。特
別是在國外念研究所的語文壓力之下，「先發報告」的優勢就更為明
顯了。千萬不要拖拖拉拉地等到最後才報告，因為光是「責任未了」
的無形壓力，就可能壓得你喘不過氣來。

先期研究階段的文獻搜尋

　　釐清了講授課程和論文研究的潛在關係之後，其次，研究生可以
在講授課程所奠定的理論之上，開始針對自己有興趣的研究方向，進
行先期文獻的搜尋工作。文獻搜尋的大致方向包括：（1）學位論文
（theses/dissertations），（2）包含學術專論（monographs）、專書合
輯（editorial collections）、讀本（readers）在內的書籍文獻，（3）正
式出版的期刊論文（journal articles）與非正式出版的研討會論文
（conference proceedings）、研究紀要（working papers），以及（4）
其他文獻等。先期研究階段的文獻搜尋旨在了解相關課題的研究脈
絡，屬於**探索性質的文獻搜尋**。其中可能有不少文獻會被排除在正式
論文裡面的〈文獻評述〉章節之外，也有部分文獻經由適當的整理、

歸納之後，會被納入正式論文的〈緒論〉章節，切勿和正式文獻評述的目的與內容，相互混淆。先期研究的文獻回顧旨在釐清所欲研究課題的經驗面向和理論線索，進而聚焦在特定的**主題概念**上面，形成論文研究的**問題意識**；正式論文的文獻評述旨在釐清和耙梳相關概念的理論脈絡，進而歸納和演繹出自己的**理論觀點**，作為論文研究的**分析架構**。以下就針對先期研究階段涉及的文獻內容，加以概述。

1. 學位論文

在正式展開論文研究之前，特別是剛入學的第一學期，研究生有必要先針對自己所屬的學科領域和有興趣的研究課題（請注意，這兩者未必完全吻合！），廣泛地搜尋相關的**學位論文**。要這麼做的原因，一方面是讓研究生有機會熟悉學位論文的整體概況，例如：學科領域內的論文大致長得什麼樣子？有多少碩、博士論文針對你目前鎖定的課題，進行過研究？它們各自從哪些角度切入，援引哪些理論觀點？它們如何分析？有哪些重大發現等等，進而為自己的論文研究找到一個明確的定位——它究竟與過去的學位論文（包括所屬研究領域和相關研究課題）有何異同（如果沒有明顯的區別，你有什麼理由需要重做）？我所要進行的論文，在這些論文當中所佔有的角色和地位為何（它能增添或修補哪些理論／經驗缺口）？換言之，你必須先釐清自己論文研究的學術利基。有了這些具體的論文案例和對它們的初步認識，相信研究生們會對自己即將展開的研究更有信心，也會對自己論文的輪廓有一些初步的想像，進而逐步建構出自己論文的基本圖像。另一方面，藉由學位論文的引介，特別是論文中的文獻評述部分，研究生也可以藉此連結到相關的理論線索，進階搜尋相關的學術

文獻，作為修課規劃和撰寫論文的參考依據。同時，也可以看看前人是如何整併與鋪排相關的理論文獻，進而形成他們獨到的論述觀點與分析架構。

　　在網路科技尚未發達之前，對於剛剛踏入學術殿堂的研究生而言，文獻搜尋的確是論文寫作的一大挑戰。在國內要查詢各大學人文社會科學領域的碩、博士論文，得專程跑到位於台北木柵的政治大學社會科學資料中心查詢（該中心也是行政院研究發展考核委員會指定之政府出版品寄存圖書館，有完整的政府出版品收藏），或是就近到學位論文所屬的大學圖書館中查閱。這些紙本的論文資料，不論是現場翻閱、抄錄或是影印，都很費時、費力，而且費錢。所幸，網際網

路發達之後，現在只要登入國家圖書館全國碩博士論文的網頁（網址是：http://ndltd.ncl.edu.tw/cgi-bin/gs32/gsweb.cgi/ccd=6UJIiH/webmge?Geticket=1），就可輕鬆查詢到論文名稱、研究生、指導教授、口試委員、關鍵詞、摘要、參考文獻，甚至有越來越多的碩博士論文，提供論文全文的 PDF 檔案下載。此外，歐美各大學的碩博士論文也可透過 ProQuest 的碩博士論文資料庫（ProQuest Dissertations & Theses Database）加以查詢（需透過學校的圖書館使用）；中國大陸的學位論文則可透過 CALIS 學位論文中心服務系統（http://etd.calis.edu.cn）取得。所以，研究生只要待在家裡或研究室裡，就可以輕鬆找到成千上萬筆可能和自己論文研究有關的學位論文。這時候，如何利用概念化的關鍵詞彙從中迅速、有效地過濾、篩選出相關的文獻資料，避免亂槍打鳥、資訊過荷的困惱，就變成研究生亟待培養的基本能力。

2.學術專論／專書合輯／讀本

先期研究階段必須廣泛搜尋的第二類文獻是學術專論、專書合輯和讀本等書籍文獻。這一類文獻來源可以和講授課程相結合，作為論文研究的理論支柱。**學術專論**通常是某一學者（也有可能是兩三人合著）對於特定課題的深入研究。它有可能是結合經驗課題與理論觀點的完整研究，可以提供學位論文整體研究架構的參考借鏡。學術專論也有可能只針對特定概念進行抽象思考，也就是所謂的「純理論」探究，它可以提供完整的論述分析，進而從中抽取出有用的理論觀點，作為學位論文的分析視野。仔細研讀這些「擲地有聲」的學術專論是碩、博士生蹲好學術馬步，厚植理論基礎最重要的基本功。如果只在

講授課程中跟著教授「為理論而理論」地一起研讀，可能會覺得這些大師的理論思想玄之又玄、高深莫測，而且仰之彌高、望之彌堅。但是如果能夠跟著自己有興趣的研究發問一起思考，甚至從中梳理出能為你論文所用的相關論點，那麼你的理論思考絕對會像接了地氣那般踏實，說不定因此發展出你自己獨到的理論觀點，變成足以和這些大師相庭抗禮、平起平坐的學術新銳。

　　相對地，**專書合輯**則是由一群學者對於某一類相關課題的獨立研究，經由特定編者（editors）的製作安排，集結而成的學術論文集。它可以是經驗取向為主，或是理論取向為主，也可以二者並重。它可以先有一個大方向，再由編者邀約相關學者劃分主題，逐一探討，也可以先有一些相關但零散的研究論文，再歸納出一個共同的主題，作為專書合輯的名稱；或是由這兩種方式，相互修正、調整而來。這一類專書合輯的編者，通常也是其中選文的作者之一，但也可能只負責糾集這些文章，再撰寫全書的緒論與結論。如果運氣好，你會發現你想研究的課題，已經有人將相關文獻集結起來，編成合輯。你可以以此為起點，再延伸及擴大文獻搜集的範疇。另外一種專書合輯的產生，則是由編者從過去的歷史文獻中，針對某一課題特地挑選不同面向的經典著作，內容可能涵蓋學術專論的部分篇章和某些期刊論文的全文或節文，串連成單一主題之下的一個**讀本**，提供多重聚焦的分析討論。學術讀本經常被選為大學部或碩士班課程的教科書，也是快速了解某一特定議題與相關理論觀點的有效途徑。這些不同類型的學術專論、專書合輯和讀本，一方面提供相關研究的理論脈絡，另一方面也提供了特殊面向的分析取徑，雖然最後未必能夠照單全收地直接放入正式論文的文獻評述章節，卻是學位論文不可或缺的思想明燈和經

驗借鏡，研究生應該好好利用講授課程的帶讀／報告和期末作業／小
論文等學習機會，好好練習如何從中萃取出理論精華的論述功力。

3. 期刊論文／研討會論文／研究紀要

　　先期研究階段必須搜尋的第三類文獻是正式出版的**期刊論文**和非
正式出版**研討會論文**和**研究紀要**等等。搜集、閱讀和整理這些文獻
有兩種用處。一是作為學位論文整體架構——特別是文獻評述部分
——的參考範例，尤其適合碩士論文參考。因為絕大多數期刊論文都
是「有理論依據的經驗研究」，而且期刊論文的格式多半是標準的假
設演繹法五段式格式，所以研究生可以從中快速掌握一篇研究論文的
問題意識、理論觀點、研究設計、分析討論與重大結論，從中找出值
得學習的地方，尤其是它如何建構一個有效的論述架構。二是作為論
文直接引述的文獻資料，可以視情況放在論文的不同章節裡面，是充
實論文內容的絕佳素材，尤其是博士論文更需要旁徵博引地納入各種
期刊論文來強化博士論文的紮實程度。至於期刊論文的搜尋模式，也
有幾種可行的有效途徑，研究生不妨兼容並蓄地加以運用。

　　第一種搜尋方式是「順藤摸瓜」，從前述搜尋到的學位論文參考
文獻當中，找出有用的期刊文獻。然後再利用這些期刊論文裡面所引
用的相關文獻，擴大搜尋的範圍。但是這種「手工式」的期刊文獻搜
尋模式，只適合回溯式的文獻搜尋，無法找到後續較新的文獻資料。
幸好近年來電子期刊越來越普遍，尤其是各種具有期刊索引功能的資
料庫，可以「向前」或「向後」搜尋「引述」或「被引述」的期刊論
文，這也是學術期刊之所以會興起「i瘋」風潮的原初用意。第二種
搜尋方式是「亂槍打鳥」，主要是用中英文的關鍵詞到國內外相關的

資料庫中廣泛搜尋。或是到這些資料庫中搜尋前述已知的一些期刊論文，然後再利用電子資料庫的引用連結，向前和向後搜尋到這些期刊論文直接引用和被引用的其他文章。如果你發現前述搜尋方式所找到的文章經常集中在某些期刊上，或是在你所屬的研究領域中，有某些必讀的重點期刊，那麼你可以針對這些期刊的每一期內容，進行第三種「地毯式」的論文搜尋，也就是針對單一期刊進行逐年逐期的「徹底研究」，先快速瀏覽每一期的目錄，必要時再進入相關論文的摘要和內文。這麼做還有一些意想不到的額外收穫，那就是你會了解這個領域從過去到現在流行的研究趨勢，有哪些知名的學者和具有代表性的論文，還有他們的研究取徑和論述方式等等，這些都有助於你奠定良好的學術基礎，也有助於你找出自己論文的學術定位。有時候，某些期刊還會針對特定議題出版專刊或特刊，那你就賺到了！因為就算不能將所需的相關文獻一網打盡，至少也可以少走許多冤枉路。運氣好的話，其中可能還包括一些回顧的文章，幫你把地毯式的徹底研究整理

成你所需要的文獻「懶人包」。由於現在線上搜尋的資料庫太多、太便利，甚至只要用 Google Scholar 輸入適當的關鍵詞，就可以找到不少中、英文的學術專書和期刊論文，其中有不少論文還可以線上免費或付費下載，讓文獻搜尋的工作輕鬆許多，卻也因此出現資料氾濫或過荷的問題，必須仰賴有效的閱讀技巧才能夠讀到該讀的重要文獻，而不會讀了一堆沒有用的文獻把自己累壞了，卻獨漏關

鍵性的重要文獻，結果在口試的時候被口試委員打槍。有關學術文章的閱讀技巧，將在本書的第五章中進一步討論。

　　相較於正式出版的期刊論文，研討會論文與研究紀要的蒐集與引用，難度就高上許多。因為有許多研討會的論文只是研究初稿，作者在研討會上宣讀或發表之後，並不希望他人引用尚未定稿的文章，除非研討會有出版論文集，否則有時候還不容易拿到論文的全文內容。一般來說，在社會科學領域裡，雖然各種研討會裡發表的文章都是最新的研究成果，但是它不像自然科學的研討會那麼強調前端概念和技術突破，而且這些論文後來多半也會投稿期刊，所以，學位論文中引用研討會論文的比例並不高。倒是在先期研究階段，不妨將研討會論文當成掌握學術潮流與刺探研究方向的風向球，就算不能直接引用，也有助於研究生思考各個領域最新的研究方向。

4. 其他文獻

　　在先期研究階段，除了上述學術文獻之外，研究生可能還需要針對自己有興趣的研究課題，廣泛地蒐集相關的經驗資料或相關資訊。它可以從報章雜誌、網路資源、統計資料、政府部門出版品、規劃報告書和學術研究的經驗資料或個案分析中，找到許多有用的資訊。這些經驗資料一方面可以作為撰寫緒論部分研究動機的基本素材，從中梳理出有用的概念課題；另一方面也可以從這些資料當中過濾出可能適合作為論文經驗分析部分的研究對象或分析個案，讓文獻回顧部分的理論分析從一開始就有可以參照的檢驗對象，因而變得更聚焦與更具說服力。

　　有了先期研究階段的文獻蒐集與粗篩、整理，不論就研究問題、理論觀點或研究對象而言，都將更為精準、洗鍊，有助於論文計畫書的研擬和提出。經過先期研究階段的充分探索與醞釀，這樣子所做出來的研究，絕對會比急就章或一頭栽進去的論文，更具層次與深度。

尋找「合適的」指導教授

　　在先期研究階段，除了配合修課逐步構思自己的研究方向和論文內容之外，這段期間還有一個重要的事情，那就是尋找**合適的指導教授**。甚至可以在先期研究的前半階段，就先確定指導教授。在指導教授的協助之下，更有效率地進行先期研究的準備工作。不過在實務上，每個研究所的做法和規定不一。有的是規定研究生一入學就必須先找好指導教授，尤其是博士生；有的可能會晚到資格考前後（博三），才確定指導教授。我認為太早或太晚決定指導教授，風險都較高。前者雖然有助於研究生從入學一開始就步入正軌，但是相對缺乏摸索、適應和調整的彈性，有一點兒像「指腹為婚」或是「相親」式的師徒關係。儘管發現不合適之後還是可以「解除婚約」或是「離婚」，但可能因此對師生雙方造成或大或小的傷害，後果難料。後者雖然給研究生相當長的時間和自由度去摸索、醞釀論文研究的可能方向，但是因為過程中缺乏適當的指導、監督，研究生暗自摸索所想出來的研究題目未必恰當，結果反而蹉跎了許多寶貴的時間，最後只能「大題小作」，草草結束論文。因此，我建議博士生最好在第一年的第二學期結束前，找好指導教授，而碩士生可以在第一年的第一學期

末或第二學期初確定指導教授。這樣既可以有足夠的時間醞釀、思考自己的論文方向，也可以藉由修課和其他管道了解系上老師的學術專長、研究方向和人格特質等，可能會是比較理想的做法。

即便如此，研究生可能還是不免要問，我究竟該找什麼「類型」的老師擔任指導教授呢？其實，找指導教授和找對象一樣，沒有絕對的好、壞之別，只有彼此**合不合適**的問題。必須綜合考慮的因素包括：指導教授的（1）學術專長，（2）（過去、目前和最新的）研究興趣，（3）知名與忙碌程度（是大師級學者、研究規劃承包商、學術行政官僚或電視名嘴等）（4）年紀與資深程度（是即將退休的老教授、老成的資深教授或副教授、青壯的教授或副教授、或年輕的副教授、助理教授），還有（5）個性與指導風格（嚴厲／寬厚、系統化／隨性、重視大方向／強調小細節，甚至性別、血型、星座、八字）等等。

先說教授的學術專長和研究興趣。通常這兩個面向是高度相關的，但事實上卻未必如此。很多研究生會以教授所開的課程、曾經出版的專書或論文等，作為思考是否適合擔任指導教授的首要考量。不過這些資訊未必能夠完全當作教授是否有意願指導相關論文的指標，因為在漫長的學術生涯中，教授可能已經轉換過好幾個研究領域，他的研究方向也不斷在改變。你「以為」教授擅長和有興趣的題目，可能的確是他二十年前鍾愛的領域，但是現在早已物換星移、琵琶別抱。所以，比較妥當的方式還是設法幫教授的路數「起底」，看看他從博士論文以來，都研究些什麼課題？這些研究取徑究竟是一路走來都是「武當」、「少林」，還是參雜了其他門派？或是在整個教學與研究歷程中，是否有明顯的轉換軌跡（包括研究課題、理論思維和研究取徑）？最重要的是，教授**目前和未來**的研究方向為何？在正式詢

問教授指導意願之前若能先弄清楚這些事情，可以免除後續許多論文指導的麻煩和不必要的誤會，讓論文的進展更加順利。就以我自己的親身經歷來說，當初我出國念書原本想研究的是都市休閒的課題，從文獻的搜尋上得知某校的某位教授過去曾經發表過多篇相關的論文，也如願進入該系就讀，並接受這名教授的指導。但是幾次 meeting 下來，我覺得指導教授似乎有點兒意興闌珊（因為言談中無法從他眼裡看到那種興趣盎然的熱情光芒！），後來甚至由我自己提出研讀書單，向老師報告我的研讀心得，以及這些文獻對我論文的可能啟發，卻不見他提出具體有效的研究建議。後來才發現這兩三年來他的研究興趣早已經轉到女性主義和性別研究上面，而且也有些年紀，對於研究似乎也不那麼熱衷了。所以他對我的論文指導比較像「安慰劑」，多半是一些空虛的精神鼓勵，難以切中論文的要害。因此，要尋找**合適的**指導教授，最好是他對你的研究課題，有不下於你的興趣和熱誠，哪怕那是多年以前的事情，那麼必定可以大幅提升你順利完成論文的機率。

其次，教授的年齡／資歷和大牌／小牌的綜合考量，也是至關重要的問題。有些研究生迷信大牌的資深教授，認為名號響亮、資歷豐富的教授能夠提供較好的指導，口試時也比較「罩得住」，結果發現教授可能忙於外務，無暇指導，或是根本就是剝削研究生，將學生的研究成果佔為己有，甚至利用學生來接案子，然後「各盡所能，各取所需」。如果你夠獨立，也夠聰明，而且耐磨、耐操，這種「靠行」的論文指導方式，可能也是「英雄出少年」的不錯選擇。畢竟還未畢業就有政府部門的重大規劃或研究計畫的實戰經驗，而且有機會近距離看到指導教授如何學以致用，的確是非常難得的磨鍊機會。運氣好

的話，說不定就此被指導教授欽點為入室弟子或接班人，成為產官學界的明日之星，甚至因此成為政治人物的核心幕僚或步入仕途，所以這一類型的指導教授還真的是研究生的貴人。然而，如果你的八字不夠硬，底子不夠強，或是不清楚自己究竟要什麼，那麼跟在大師身邊，不僅沾不到光，還可能因為太接近火源，看不清楚方向，甚至燒得遍體鱗傷。我就碰過一個實例，有一名博士生同時拿到兩所英國名校的入學許可。幾經比較，他選擇投入後來被英國女皇冊封為爵士（Sir）的規劃大師門下。心想學成歸國之後，就可以名正言順地成為這名大師在台灣的代言人，前途一片光明。無奈這位大師不僅門下弟子眾多，而且身兼院長的行政職務，手邊也有許多英國政府的重大計畫。雖然指導教授為人和善，也按時面談、指導論文，但是難免也會比較門下眾弟子的表現，加上和同門博士生之間的研究重疊性高，所以這名博士生掙扎了三、四年之後，在指導教授不甚支持的情況下，只好黯然更換指導教授，從頭開始。又多花了好幾年的時間才拿到博士學位，真是始料所未及。還好，雖然多花了一倍的時間才拿到博士學位，這已經算是不幸中的大幸。另一個找大牌教授指導的惡夢是一個國內博士生的例子。他原本只是碩士班的學生，因為參與老師的研究計畫，而且表現良好，指導教授就「鼓勵」他繼續念博士。沒想到這是一連串惡夢的開始。因為三不五時指導教授就會要他草擬一個國科會或教育部的研究計畫提案，而且都是截止日期前兩三個禮拜的時候才交代下來。更「不幸」的是，這些短期間拼湊出來的計畫案竟然都如數通過，弄得這名博士生根本沒有時間做自己的研究和寫論文，最後只好想辦法找理由休學，才勉強騰出一點時間寫論文。所以，研究生還是得認清事實，事情都有利弊得失，找大牌教授指導的結果往

往是大好大壞，就像投資股票，高獲利也伴隨著高風險。最重要的還是要多方探尋，仔細評估，怎麼樣才是對自己最適合的指導方式。

而我在倫敦政經學院的親身經驗，剛好是另一種極端的例子，值得和讀者們分享。由於我在伯明罕大學和指導教授的相處並不順利（沒有任何齟齬，只是兩人對於博士論文的研究重點，難以聚焦，讓我覺得指導教授無法針對我的論文需求，提供適當的指導），加上有一些同校的台灣博士生因為曾經得到其他英國大學的入學許可，準備轉學。所以，我就跟著他們到其他學校面談，最後鎖定倫敦政經學院的社會心理系，因為該系有教授專門研究當代休閒的社會課題。我還記得面談當天早上，我和系上的入學導師（admission tutor）談得還不錯，他也願意接受我的入學，但因為我沒有心理學的背景，所以他要求我必須先修碩士班的課程，如果成績優異，就可以折抵成博士班的修課學分，並且轉換成博士生的身分。有趣的是，在面談結束之後──這也是改變我學術命運的關鍵時刻──這位入學導師和我閒聊，並以個人身分給我建議，他認為我在伯明罕大學都市及區域研究所的學科背景，也許該試試政經學院的地理系，並且很熱心的拿起電話幫我聯繫地理系的入學導師。就這樣，當天下午我就帶著手邊的資料，包括個人簡歷、研究計畫書和一些在伯明罕大學修課的作業，到地理系面談。由於事出偶然，雙方都沒有心理準備，我們就隨便聊了一些諸如我的研究興趣、在伯明罕修了哪些課程、最受啟發的學者或理論等等。這位入學導師告訴我，他會將我的資料留下來，讓系上其他老師傳閱，如果有消息再通知我。沒想到一個星期之後，我真的接到系上打來的電話，請我再到倫敦面談一次。由於我已經拿到社會心理學系的入學許可，加上在伯明罕不太順利的博士班經驗，所以這次面談

時的心情比較放鬆，心想反正沒什麼損失。老師問了我的研究興趣、在伯明罕的修課狀況等等，我也反問老師的指導經驗、學術專長和目前的研究計畫等等。最後，老師表示他對我的研究計畫沒有興趣，但是有意願收我當學生，我也同意從老師的研究興趣中尋找可能的研究方向，至少我相信這樣老師比較可能給我實質的論文指導。於是，我就這麼陰錯陽差地進了倫敦政經學院的地理系。

　　入學一段時間之後，我才逐漸弄明白，原來我的指導教授是系上最資淺的 lecturer（相當於台灣的助理教授等級），前一年才剛剛從倫敦大學學院（University College London, UCL）的巴特萊規劃學院（Bartlett School of Planning）轉到 LSE 任教。而且，他大學念的是名不見經傳的地區性大學赫德斯菲爾德大學（Huddersfield University），博士學位則是在英格蘭西南部的愛克斯特大學（Exeter University）地理系取得的。後者在英國雖然是還不錯的學校，尤其是地理系，但畢竟不是牛津、劍橋等古典大學，也不是倫敦大學政經學院、國王學院、大學學院、帝國學院等頂尖名校，和系上以牛津、劍橋畢業生為主的師資相較，不論年資、學歷等，似乎都矮人一截。但除此之外，我實在沒什麼好抱怨的。或許也因為如此，他的指導方式，讓我如獲至寶。首先，從一開學，他就先將一篇他還在修改中的論文草稿給我，讓我思考看看有沒有什麼有興趣的課題。之後，他就開一兩本書單讓我閱讀，每兩、三週碰面討論（meeting）一次。而且，他要求我的讀書心得必須以書面為之，內容包括書中的重點、我的疑問和所獲得的啟發等。碰面前兩三天必須先將書面心得交給他，然後才能夠正式約時間討論。正式碰面討論時，指導教授已經先讀過我的心得，他會事先在上面寫下註解和評語，然後當面跟我解釋，之後再依據這

些討論所導引出來的方向，另外建議幾本書讓我閱讀。討論完後老師會將我的心得筆記還給我，讓我影印之後，雙方各保留一份。這個過程大概持續了半年多，我就順利地找到博士論文的研究方向，而且在系上博士生每週一次的論文專題研討發表中，得到其他博士生的肯定。因為那是這門課開學以來首次所有博士生都提出問題或回應的報告，這讓負責帶領這門課的老師，也就是我的指導教授，覺得很有面子。

　　在這邊我要先岔題，順帶說明一下倫敦政經學院地理系這個相當簡單，卻非常有效的研討／演講課程安排。那就是每個星期四的下午，系上都會安排兩個場次的研討課程。第一個場次是博士生的論文研討，由高低不同年級的博士生穿插報告自己的論文進度。每一堂課有兩名博士生報告，每個人有一個小時的時間，而且指導教授必須會同出席，但是必須由研究生自己報告，指導教授只能坐在旁邊，不能發言。所以這個場合除了作為博士生之間相互切磋，共同學習的研討平台之外，也是系上老師向所有博士生公開展示他們的論文指導成果的重要場域。所以，當我的報告獲得其他博士生肯定的同時，其實也直接肯定了我的指導教授的指導成效。也因為這些緣故，雖然我的指導教授是系上最資淺的小牌教授，而且不是畢業自頂尖名校的狀元博士，但是他積極遊說系上有影響力的資深教授幫我背書，讓我幸運地拿到系上每屆只有一個名額的海外研究生獎學金（Overseas Research Student Awards, ORS Awards），幫我省下不少學費。緊接在博士生的論文研討之後，是系上教師和研究生喝茶聊天的午茶時間，順便為接下來的校外學者演講暖場。午茶時間只有半個小時，茶資和茶點由系上供應，博士生必須輪流服務。在午茶時間裡，師生可以延續先前

論文發表的討論內容，彼此熟識的老師和同學也可以噓寒問暖一番，有時候演講的講者也會提早到達，在下午茶的時段裡先和老師和同學們小聊一下。接著就進入演講課程的時段。系上邀請的講者多半是英國或國際上知名的地理學者，請他們就自己最新的研究課題發表正式或非正式的演說。通常一學期開始和結束的首尾兩場演講，會安排大牌學者的正式演講，中間的場次則是由學者們分享他們最新的研究成果或經驗。這樣的研討安排也是磨鍊博士生學思邏輯的最佳場合。因為經過前兩個小時自己同學之間論文發表的閉門研究，緊接著觀摩知名學者最新的研究動態，其中不乏一些學術經典的知名作者，而且是從美國或其他地區搭機不遠千里而來，真的會有醍醐灌頂的神奇功效。特別是一些唇槍舌戰的尖銳提問，對於博士生的批判思考，更是助益匪淺。幾年下來，博士生光是依樣畫葫蘆，要不有所長進也很難。所以我在 LSE 念書期間，每次都很期待星期四的到來，就像親身參與和當場見證一系列的學術武林大會。

　　回到指導教授和論文指導的課題上。第一年下半年之後，我和指導教授的定期會談逐漸調整為每三個星期到一個月（第二、三年）和每個月到六個星期（第四、五年）之間，視論文的章節內容和研究進度而定。原則上我會以一個半月寫一章的大概進度為準，每次將寫好的草稿先印出來給老師，同時約定面談的時間。如果指導教授對於草稿的結果感到滿意，雖然有一些需要修改的地方，我還是依照進度往下走。這在第一年下半年的時候，最為明顯，所以在第一年結束的暑假之前，我就已經寫好前三章的草稿，累積了四萬多字（但是到最後論文定稿，這四萬多字的草稿大概只留下三、五千字）。如果他認為這次的內容不行，我就必須重來一次。這在我第二年暑假做完田野之

後，試圖將研究發現寫成分析討論的章節時，糾雜了最久，大約改寫了四個不同的版本，前後歷經了九個月的時間。過了這關之後，我就進入正式撰寫論文的 writing up 階段。回頭從第一章開始，每隔一個月或五、六個禮拜繳交一章，討論確定之後再往下走。我的論文共有八章，所以一輪改寫下來，一年就這樣悠悠地過了。我覺得這是找年輕、資淺教授指導的最大好處。因為這時他們脫離自己完成博士論文的時間並不太久，也還沒有進入「高來高去」的大師冥想階段，正處於從幼嫩青澀進入融會貫通的學術轉換階段，所以可以給予許多具體、細膩的研究指導和寫作提點。特別是這種以書面資料作為論文指導的溝通方式，不僅可以直接就論文的實際內容加以指導，還可以因為這些論文初稿的大量累積，有效消除研究生的寫作焦慮，只要不斷地修改、增添，就一步一步接近論文完稿的階段，是一種非常有建設性的論文指導方式。我自己當老師之後，也沿用這套論文指導的模式，操作起來相當簡便，但是結果卻因人而異。所以，其中還是有許多其他的變數。

　　這就關係到指導教授是否「合適」的第三層考量，也就是性格、星座、血型等「個人因素」和「八字」是否匹配的其他考量。這是最難評估的部分，它會因時、因地、因人而異，而且涉及指導教授和研究生兩造之間的化學變化。舉例來說，有些老師為人和善，也很有耐心，但是碰上生性懶散、得過且過的研究生，結果就是一團和氣、相談甚歡，但是論文卻遲遲沒有進展。或是剛好相反，老師相當嚴厲，學生也很認真，論文的進度有條不紊，日有竟功，但偏偏循序漸進、按表操課的結果，卻未激盪出智慧的光芒，反而把論文變成機械性的學術操作，這對於研究生而言，特別是博士生，未必是好事。有些指

導教授甚至喜歡和研究生打成一片，像哥兒們般地一起喝酒、聊天或是變成姐妹淘一起去逛街、算命，可是，近狎生嫌隙，師生之間沒大沒小的結果反而讓論文指導的正事受到干擾。若是師生之間太過冷漠，有些學生也會擔心老師是不是不喜歡我的論文或是討厭我，特別是看到別的師徒之間有說有笑，很難不疑神疑鬼。我就碰過一個例子，和我同一位指導教授的一個台灣學弟，入學半年之後憂心忡忡地跑來找我。他說他已經到系上半年多了，但是我們老師從來沒有找他一起吃飯、喝酒或是打球、聊天，是不是他們之間出了什麼問題？他該怎麼辦？我聽了之後也才恍然大悟，對哦！指導教授也從來沒有和我哈啦過論文之外的任何事情。我在 LSE 待了近五年，印象中他只有三次和我聊到論文之外的事情。第一次是在我剛入學不久時，有一次 meeting 完之後他問我將來的生涯規劃，是打算留在英國，還是要回台灣。我說畢業之後就要直接回台灣，他建議我可以考慮到北美發展之類的。第二次是 1996 年大陸對台灣試射導彈的台海危機，英國國家廣播公司 BBC 和其他平面與電子媒體都大幅報導，眼看戰爭一觸即發，我的指導教授才破例在論文討論完後，關切一下台灣的安危和問我有沒有什麼打算？第三次是我論文口試通過之後，指導教授請我和口試委員到學校的教職員餐廳用餐，他還言明這頓飯是系上編列經費請口試通過的博士生，不是他出的。嚴格來說，我們師徒之間根本沒有任何私交或個人互動，但是我們每次 meeting 的時候，他對我論文的關懷、付出和具體指導，絕對遠遠超過任何表面上的親密互動。所以我也勸學弟不要胡思亂想，我們的指導教授就是這種不苟言笑的老師，最重要的事情是把重心放在論文上面。可惜的是，這種我覺得很棒的論文指導方式，除了在我身上還有另外一位劍橋大學畢業的學

妹身上管用之外，在他指導的其他學生身上，似乎都難以奏效。有好幾個我認識的學弟妹都念了七、八年，也不知道他們最後有沒有順利畢業？

　　因此，我要強調的是，指導教授的背景、資歷和他們的指導方式，沒有絕對的好壞之別，只有適不適合你的問題。更重要的是，除了針對你的需求特性之外，研究生們一旦選定指導教授之後，也要設法適應他們的指導風格或人格特質，而不是一味地要求師長們的配合，否則最後吃虧的還是自己。甚至研究生還得回頭思考，百般忙碌的教授們為什麼要撥空勞心勞力地指導論文？你的論文研究，究竟能給指導教授帶來什麼貢獻？那麼，或許你會更容易找到一個適合的指導教授。

探索研究方向和擬定論文題目

　　指導教授固然重要，但是在先期研究階段的醞釀時期，不論是否已經找好指導教授，研究生都應該在講授課程、研討課程和先期文獻回顧的激盪之下，不斷思索研究的可能方向，並且動筆研擬適當的論文題目。所謂「學而不思則罔，思而不學則殆」，研究所階段的訓練重點就是充分結合學與思的學術能量，藉由好奇心的研究動力，持續增進人類對世界的了解，進而不斷開拓與改善吾人所處的自然環境和生活世界。研究方向的選擇和論文題目的擬定，就是向前邁進的關鍵起點。

　　遺憾的是，長期以來的台灣教育，相對欠缺獨立探索和批判思考

的訓練。尤其是從中學教育轉換到大學階段的過程中，老師和家長只重視學生的課業成績，使得考試領導教學的知識填鴨，讓知識的探索與學習變得枯燥乏味。久而久之，學生逐漸喪失穿梭於學科知識和生活世界之間的好奇心和敏銳度。上了大學和進研究所之後，有不少學生已經變成只會讀書和考試的「機器人」了，其他時間大腦多半處於半休眠的「待機」狀態，只有下課之後才會重新啟動。以我自己上課的經驗來說，每次問同學們「有沒有問題」時，台下多半一片寂靜。有時候為了打破僵局，我會故意要同學們「有問題的請舉手」（沒人舉手），「沒問題的請舉手」（有一兩個人舉手），然後再說「沒有舉手的請舉手」（還是沒有人舉手，但是大家會如夢初醒地笑了出來）。因此，等到同學們得自己思考研究方向和論文題目的時候，根本想不出來自己究竟想研究什麼。為了突破這種「沒有問題（意識）」的研究困境，本書特別提出幾個值得思考的大方向和小線索，供研究生參考。

1. 學科觀點的核心思維

要探索可能的研究方向和有趣的論文題目，首先必須掌握學科的核心思維，以及因之而來的學術想像力（例如社會學的想像力、地理學的想像力等）。舉例來說，地理學要掌握區域、空間、環境、人地關係等關鍵環節；社會學要涵蓋社會組織和社會行動之間的複雜關係；經濟學要掌握商品與服務在生產、流通、交換、消費的動態關係；政治學要探索政府與人民的組織、制度、權利義務關係等。儘管這些理論觀點和學術視野未必是分析特定課題的最佳途徑，卻是不同學科彼此區別的立足根基。有些研究生喜歡天馬行空地亂想研究題

目，卻忘了它和學科領域之間的必然關係。也有一些指導教授站在鼓勵學生的寬容立場上，並未嚴格加以限制。因此，有時候會出現一些比較跳 tone 的論文題目。例如都市計畫的論文聚焦在戰鬥機的研發過程，建築與城鄉研究所的論文在研究泡麵的演進歷程等等。這並不是說都市計畫只能研究土地利用形態，或是城鄉研究不能探討飲食生活內涵，關鍵在於研究課題和學科領域之間的連結性：學科視野如何有助於分析這樣的研究課題；而這樣的研究課題又是如何增進學科領域的知識內涵。如果二者脫節的情況過於嚴重，使得論文本身無法自圓其說「這是一本〇〇學的學術論文」，那麼不論這本論文多麼有創意，或是分析得多麼有道理（屬於其他學術領域的道理），極可能無法通過所屬系所的論文審查——因為「這不是肯德雞」！

2. 當代社會思潮的演進脈絡

上述所說謹守「學科觀點的核心思維」，並不表示研究論文只能延續學科傳統，不能創新。相反地，學術創新的真諦在於挑戰學科領域的既有傳統，代之以足以造成「典範轉移」的新傳統。因此，在學科領域的大前提之下，研究生在思考論文研究的方向時，另一個可以思考的切入面向是掌握當代社會思潮的演進脈絡，例如實證科學、馬克思主義、人文主義、實在論、後現代主義、女性主義等各種**主義**（-isms），後現代、後殖民、後女性、後人類等各種**後浪潮**（post-），或是文化轉向、語言轉向、空間轉向等各種**轉向**（turns）。這些跨越學科藩籬的重大思潮，往往會對既有的學科觀點產生相當程度的衝擊和啟發，擦撞出不同於傳統觀點的新的理論視野，將學科領域帶到一個嶄新的境界。因此，突破傳統的創新研究，經常亦步亦趨地和整個

社會思潮的辯證發展，前後呼應，拉扯出一些新興的研究課題和學術領域，值得研究生關注和積極投入。

3. 跨領域與反學科的潮間縫隙

在學科板塊和當代思潮的碰撞之下，會產生許多跨領域和反學科的縫隙空間或是學術潮間帶，形成傳統學術領域無法涵蓋，尖端研究難以企及的「未知領域（*terra incognita*）」，例如日常生活研究、身體空間、社會企業、非政府組織、公益行銷等等。這一類的研究論文往往需要借助於不同學科領域的各種理論，創發出**跨領域**（inter-disciplinary or trans-disciplinary）甚至**反學科**（anti-disciplinary）的新的理論觀點與社會現實，甚至因此醞釀出一些新興的學術領域和學科系所，也讓新舊領域和系所之間，形成一種良性的學術競爭，這也是好事一樁。通常這一類的研究課題，顯得比較新潮、有趣，也和社會潮流和時代趨勢息息相關，相對容易吸引研究生的興趣，是學位論文值得思考的方向之一。

4. 當前的重大社會課題或／與非常切身的經驗好奇

在學科觀點、當代思潮和跨領域／反學科間隙等理論視野之外，一些當前社會或新聞時事所關注的重大經驗課題，例如環境永續、文化多樣、社會正義、住宅問題、貧富差距、都市更新等，也是構思論文研究方向的可能線索之一。需要提醒的是，一味跟流行未必是好的研究策略，關鍵還是在於這些社會問題和學術研究之間的關聯性，還有運用學科觀點來分析這些課題所具有的社會意義和時代性。否則，當流行話題的熱潮過後，留在書架上的「過期」論文可能也就乏人問

津，甚至變得非常唐突。因此，在時事話題之外，從社會課題切入的論文題目，最好也同步思考一些**最 XX** 的切入點，例如台灣（或是兩岸、亞太、世界……）當前**最迫切**、**最重大**、**最根本**的經濟課題、政治課題、社會課題、文化課題等，相信更能凸顯研究論文的學術價值與社會意義。此外，研究生也可以從切身的經驗和角度切入，想想看究竟你對什麼樣的問題最有興趣？只是這一類個人最有興趣的研究課題，還必須通過學術貢獻和社會意義的檢驗，否則就變成「自己死感動，但很難讓人感動死」的宅研究。

5. 參差對照的比較研究

當上述面向都思考過後，或許還可以加入一個「比較研究」的多重視野，針對不同地區、國家、族裔、階級、文化、年齡、性別，或是不同時期的某些問題加以比較，一些原本「理所當然」的問題，也可能因此產生別具意義的研究提問。當然，在比較研究的思維背後，也要提出一些具有說服力的比較理由，或是適合比較的共同基礎，讓這些經過比較之後相似或相異的特性，能夠凸顯其中的學術價值或是社會意義。否則，為了比較研究而比較研究，或是因為歐美等西方社會如何如何，所以台灣也應該如何如何的理由，在學理或邏輯上可能根本站不住腳，需要審慎處理。

有了這些大致的思考方向和提問線索，加上研究生自己獨到的觀察、體驗，還有書本、課程的理論啟發，我相信各個學科領域都不乏各種兼具趣味、社會意義和學術價值的研究課題，有待探索。研究生也要結合學與思的批判創意，想出一個具有學術原創性的好題目，後

面必須花費大量精力和寶貴時間的論文研究，也才有意義！此外，檢視一個研究方向或是論文題目究竟好不好的標準之一，就是多年之後，當你再提起這個論文研究的時候，眼睛裡是否依舊閃耀著熱情的光芒？甚至還會想說，當時應該怎麼怎麼做才對！或是你只想把論文藏起來，根本不想再提到它？也許，當你在尋找指導教授的時候，不妨也問問他的博士論文是研究什麼課題？從他的表情和反應，你應該也看得出一些蛛絲馬跡。當研究方向／論文題目、指導教授、先期文獻搜尋都到位之後，就可以將先期研究階段的具體成果以**論文計畫書**的形式加以展現，這是本書下一章要探討的主題。

4

論文計畫書

　　不論研究所對於碩博士論文的進行，是否訂有完善的程序，例如：論文計畫審查、論文發表、口試申請、論文提交等等，論文寫作先期研究階段最重要的產物就是正式的**論文計畫書**。對於研究所的訓練而言，論文計畫書的首要目的是用來和所上的師長和同學們「溝通」之用的**研究提案**（research proposal），讓他們了解你想研究的課題、所採取的理論觀點、研究方法、進行步驟、工作重點和預期成果等。其次，它也是你自己用來安排研究進程的**研究計畫**（research plan），讓你能夠預先安排與妥善規劃研究進行和論文撰寫的相關進度。第三，它更是你和指導教授之間彼此同意的**研究契約**（research contract），除非有重大的原因並獲得指導教授或相關論文委員會（committee）的同意，否則研究生不能任意大幅更動研究計畫的內容，甚至更換研究主題。[5]

　　更重要的是，如果研究生畢業之後想從事學術研究的工作，研究提案的好壞，是關係到你是否能夠在學術圈生存的基本前提。就拿行政院科技部（前國科會）每年讓大學教授們爭得頭破血流的專題研究

5　Locke, Lawrence F., Waneen Wyrick Spirduso, and Stephen J. Silverman (2000). *Proposals That Work: A Guide for Planning Dissertations and Grant Proposals*, 4th ed. Thousand Oaks: Sage, pp. 3-5.

計畫申請來說。各個學門申請通過的專題研究計畫比例大約在四、五成之間。換言之，有近半數的大學教授在競爭研究資源上，是處於相對不利，缺乏資源的嚴峻處境。加上有不少大學會將教授從事科技部專題研究計畫的案子作為教師評鑑的重要指標之一，研究計畫書的撰寫，就顯得格外重要。否則，連研究計畫提案的第一關都無法順利通過，在缺乏研究資源的情況下，又如何期待接下來的研究成果呢？因此，就算研究所沒有嚴格規定碩、博士生一定得經過論文計畫書的書面審核或口頭發表等程序，但研究生自己千萬不可等閒視之。甚至我要在此建議研究所的師長們，為了研究生眼前的論文研究和他們未來的前途著想，特別是極可能以學術工作為志業的博士生，應該建立一套簡單有效的論文提案審查機制，幫研究生的論文好好把關。否則，拖了十年、八年，等到論文口試時，口試委員才告訴研究生和指導教授，這個研究根本不值得進行，那不是害死人嗎！

研究提案的基本內容與審查重點

一般來說，論文計畫書的格式與內容，並無制式規定。即使是科技部的專題研究計畫申請，除了基本表格、經費預算、研究人力、研究設備、歷年研究成果、中英文摘要、關鍵詞、計畫書內容等規定項目之外，有關計畫書的內容格式，也只是建議性質，申請人可以自行斟酌增減或調整。但整體而言，科技部專題研究計畫申請書的撰寫格式，已經包含了一般研究提案所必備的基本元素，值得參考和引用。其研究計畫的內容格式可概括如下：

1. 研究計畫之背景及目的。請詳述本研究計畫之背景、目的、重要性及國內外有關本計畫之研究情況、重要參考文獻之評述等。

　　2. 研究方法、進行步驟及執行進度。請分年列述：（1）本計畫採用之研究方法與原因。（2）預計可能遭遇之困難及解決途徑。（3）重要儀器之配合使用情形。

　　3. 預期完成之工作項目、成果及績效。請分年列述：（1）預期完成之工作項目。（2）對於學術研究、國家發展及其他應用方面預期之貢獻。（3）對於參與之工作人員，預期可獲之訓練。（4）預期完成之研究成果及績效（如期刊論文、研討會論文、專書、技術報告、專利或技術移轉等質與量之預期績效）。

　　更重要的是，研究計畫的申請，應該要和它的審查項目一起看待，如此方能有效掌握撰寫研究計畫的要訣。科技部的審查重點很簡單，只有三項：

　　1. 研究主題之重要性或創新性、在學術或應用上之價值或影響。也就是說，研究計畫的主題必須在理論發展和（或）實務應用上，預期會有突破、創新的重要影響。

　　2. 對國內外相關研究文獻之掌握及評述。上述研究主題的重大創新，則是顯現在研究者對於國內外相關理論與應用文獻的具體掌握上。而掌握文獻的要訣，就是能對研究文獻做出邏輯嚴謹與深具洞見的批判回顧，進而凸顯出所要申請的研究計畫之正當性。

　　3. 計畫之合理性、研究方法與執行步驟之可行性。在確定研究計畫確實值得進行的前提之下，需要進一步檢視研究計畫在研究對

象、方法、步驟各方面的設計與執行，是否合理、允當，如此方能評估整個研究計畫是否真的能夠得到預期的成果。

　　換言之，教授們自己在申請科技部的專題研究計畫時，不妨在寫完申請書的草稿之後，試著用科技部擬定的審查標準，幫自己的計畫書打打分數。更重要的是，試著從他者的反身立場寫下評審意見，看自己的研究主題如何重要、創新？相關的文獻評述是否充分、完整？以及整個計畫的研究方法、執行步驟是否合理、允當？然後回頭在計畫書中適當的地方精準地加以強調，如此方能自圓其說，增加專題研究計畫申請通過的機率。雖說一個好的研究提案並不能保障一定可以獲得絕佳的研究成果，但是就像所有企劃提案一樣，至少它可以預先規劃和盡可能掌握研究過程中的各項變數，讓好的開始奠定成功基礎。這樣的同儕審查機制，是目前學術界分配研究資源與評定研究成果的共通原則，也是研究創新與增進知識的基本途徑。因此，有心於學術研究的年輕學子，進入研究所之後就應該徹底擺脫讀書應付考試的學術規訓窠臼，儘早邁入研究創新的科學實踐道路。論文計畫書的提擬與自我檢核，就是展開知識宮籍學海航行的第一步。

論文計畫書的格式與內容

　　儘管部分研究生在推薦甄試或申請入學時已經有過撰寫讀書計畫／研究計畫的粗淺經驗，總歸是新手上路的碩、博士生，在正式撰寫論文時，可能比大學教授申請科技部專題研究計畫，更需要一個好的

論文計畫書指引。但是綜觀國內外各個研究所，好像也沒有制式的論文計畫書格式得以遵循，通常是涵蓋以假設演繹法五段式格式為準的前三章初稿，也就是〈緒論〉、〈文獻評述〉和〈研究設計〉的大致內容，頂多加上參考文獻，就算完備。在此，我試圖借用科技部專題研究計畫申請書的格式內容，加上碩、博士論文的習作特性，擬定了一個論文計畫書的基本格式供研究生們參考。讀者可以針對自己的論文特性及特殊需求（例如用來申請研究經費或獎學金），加以修改。論文計畫書的基本項目及其內容，茲概述如下。

1.（暫定的）論文題目

不論你的論文計畫書是經過相當時日千錘百鍊雕琢出來的，還是在短期之內急就章湊出來的，在正式提交論文之前，你時時刻刻都要大膽勾勒和仔細斟酌你的論文題目。不管是朋友見面閒聊或是正式的論文發表場合，你都應該盡可能讓別人了解你的研究主軸，並以此作為指引研究進行和論文書寫的基本方向。如果你沒有把握一次到位地精確掌握論文題目，特別是在先期研究階段的探索、醞釀時期，可以試著先用論文研究可能涉及的重要概念（或變數）及其內涵，以指陳、並置或關連等排列組合的詞彙／片語模式，勾勒出論文研究的大致輪廓。例如：《資本論》（指陳：A）；《基督新教倫理與資本主義精神》（並置：A 與 B）；《規訓與懲罰：現代監獄的誕生》（關連：A 與 B＝C）。當然，此處所舉的例子是馬克思、韋伯和傅柯等思想名家的曠世巨著，而且，還有其他許多不同的範例，不勝枚舉。例如：《資本的極限》、《社會的構成：結構化歷程理論綱要》、《造空間：女性與男造環境》等。這些名家巨著的書名，也間接透露出一些學術

論著的玄機──如何化繁為簡、提綱挈領、畫龍點睛地帶出一個複雜論述的核心概念。

　　只是，研究生才剛剛踏入學術領域的大門，而且尚處於先期研究的蒙昧階段，可能一時之間還無法精準地構思出一個簡單明瞭的論文題目。而且，學位論文的題目通常是採用「主標題（抽象概念）：副標題（經驗課題）」的複合模式；所以，最簡單有效的做法就是對照摘要的內容，將論文中不同層次的關鍵詞加以排列組合，再加上一些腦力激盪的重組（可以和幾個同學們就彼此的論文題目，在黑板上一起激盪！），就能迅速有效地掌握論文題目的大方向。甚至，也可以換個角度，從論文的英文題目來思索，這樣反而更容易掌握到整本論文的核心概念。加上中英文題目之間的巧妙對照（請記住，二者之間不一定要一模一樣的中英翻譯，那樣會變得很死板！），更能看出研究生是否對論文的研究主題融會貫通。而且，隨著論文進展到正式研究和最後撰寫階段，還有很多機會可以進一步精確調整論文的題目，讓它逐漸臻於完美──兼具概念統整性與內容透明性。這時，若能再增加一些趣味性或特殊意境的況味，那就更棒了！例如：《都市幽靈地景：台灣的預售屋制度、接待中心與樣品屋》。[6] 不過，這種神來之筆的論文題目，難度頗高，不必強求，免得弄巧成拙。而且，給論文命名這樣的大事，是整個論文研究過程當中非常享受的片刻，就像父母要幫懷胎十月好不容易才呱呱落地的新生兒命名那麼喜悅，所以可以等到研究進程和論文寫作的後半階段再傷腦筋，這個階段的（暫

6　這是台大建築與城鄉研究所杜欽穎所寫的碩士論文，內容非常有趣。原本的題目是《都市幽靈地景：試論台灣房屋預售屋制度下的接待中心與樣品屋》，我將其稍加修改，在不減損原意的情況下，試圖讓題目更簡潔些。

定）論文題目，只要掌握好具體明確的研究方向和核心關鍵的理論概念即可。

2. 摘要

　　幫論文寫一個好摘要是個看似簡單，實則不易的事情，特別是在一切都還渾沌未明的先期研究階段，怎麼可能提綱挈領地掌握整個論文的重點呢？尤其是高等教育的學術訓練過程中，似乎經常忽略像是題目、摘要、關鍵詞等重要細節，讓它們變成論文研究的不傳之祕。記得許多年前，國內有一所知名大學的研究所還大張旗鼓地邀請國際學術期刊的主編來台講學，其中有一場演講的主題就是教導碩、博士生如何撰寫學術論文的摘要，投稿國外期刊。當時台灣學術界正處於瘋狂追逐 SCI/SSCI 等「i 瘋」的巔峰期，除了鼓勵學者投稿國外期刊之外，國科會也試圖仿效國外科學引文索引／社會科學引文索引（Science Citation Index/Social Science Citation Index, SCI/SSCI）的機制，推展本土的「台灣社會科學引文索引（TSSCI）」制度。由於我知道這位學者自幼在美國成長，長大之後才到瑞典念大學和研究所，之後就在瑞典的大學任教，並且主編瑞典的（英文）學術期刊，所以在他演講完後的提問時間，特別舉手發問，想請教他們的學術期刊如何在本國語言和英文之間找到適當的平衡點，或許可以提供給台灣作為借鏡──究竟該全面英文化，維持本國語言，還是朝向雙語發展？他也覺得這是個嚴肅有趣的課題，並試圖加以回應。但才開始說話，便遭主持人制止，提醒大家，當前最重大的課題是教博士生如何撰寫英文論文的摘要，這突如其來的舉動讓講者尷尬不已，也讓坐在台下的我哭笑不得。

　　其實，只要了解假設演繹法五段式論法的基本結構，掌握**問題意識、理論觀點、研究方法和研究發現**（分析討論在摘要中可以省略）等幾個重點，並且**妥善分配字數**（這一點很重要，研究生往往花費太多字數在研究動機的背景描述，卻對理論觀點、研究方法和研究發現等核心部分語焉不詳或是草草帶過），那麼，要寫好論文摘要，不管是中文摘要或是英文摘要，都沒有那麼困難。也就是說，以六百字的摘要為度的話，只要分別以一百五十字的篇幅來說明問題意識、理論觀點、研究方法和研究發現的重點，頂多每一段有三十～五十字的微調，那麼要以四百字到八百字之間清楚交代一篇論文的要旨，應該不是一件難事。英文摘要因為語句和文法的差異，大概只要中文三分之二的字數就足夠了。需要提醒的是，論文計畫書的摘要和最終論文的正式摘要之間，除了以**預期成果**（語氣是未來式）取代**研究發現**（語氣是現在式或過去式），使得二者在遣詞用句的時態和精準度有所差別之外，基本上並無太大的差異。而且，從論文計畫書的摘要中也可以看出研究生對整個論文研究的掌握度。如果你對如何寫好摘要還是沒有把握，不妨拿一些已經發表的期刊論文當作例子，設法把它們的摘要改寫成論文計畫書的摘要。只要經過三、五篇的磨鍊，你會發現，藉由一些語氣的調整和將研究發現改成預期成果，就可以轉換成簡潔有力的論文計畫書摘要。

3.關鍵詞

　　就如同關鍵詞的英文詞義──keywords──所顯示的，它是引領讀者進出論文內涵的**關鍵／鑰匙**（keys）。對應大門、房門和保險箱等不同尺度和用途的鑰匙，領略論文精髓的關鍵詞也可概略區分為

問題對象（也就是有關問題意識的綜合概念）、**理論對象**（也就是有關理論觀點的抽象概念）和**經驗對象**（也就是有關經驗課題或實作考察的具體概念）三種不同層級與面向的關鍵概念。要有效涵蓋這三個層次面向，通常關鍵詞的數量約在四～七個之間。除了少數特例之外，關鍵詞過多或過少，可能也反映出論文的內容過於細瑣（概念化程度不足）或是過於籠統（操作化程度不足）。同時，一篇概念清晰、資料詳實、論述完整的論文，通常也可以在題目和摘要當中，清楚地看出各個關鍵詞之間的大致關係。此外，有效選定適當的關鍵詞將有助於文獻搜尋的工作；而文獻評述的批判分析也有助於回頭釐清用來架構整篇論文的關鍵詞組。從關鍵詞的選擇，也可以大致看出研究生對論文內涵的掌握程度，以及將事物概念化的抽象分析能力。就如同論文題目和摘要會隨著論文的進展而逐漸調整，關鍵詞在整個研究歷程當中也會變得越來越明確、清晰。因此，在先期研究階段的論文計畫書中，研究生只要記住適時地建立與運用關鍵詞來引導研究和組織論文，並且宏觀微控地持續檢討，就能穩健地完成論文。

4. 研究緣起（包括研究動機或研究背景、研究課題、研究目的及其重要性、初步概念化的問題意識等）

　　一個研究計畫的開展，可以從經驗課題出發，也可以從理論觀點切入，重點在於相關的脈絡性，是否具有學術價值和社會意義？然而，不論從何者出發，一個理想或典型的人文社會科學論文，通常必須得從經驗課題貫穿到理論觀點，或是從理論觀點觀照到經驗課題，進而形成一個「具有理論觀點的經驗研究」（也就是經過抽象概念分析的具體實證研究）。經由論文題目、摘要和關鍵詞的初步提點之

後，論文計畫書的一開頭必須先清楚地交代整個論文的研究動機（比較偏向社會現象或個人觀察的經驗課題）或是研究背景（比較著重思潮演進或理論脈絡的理論課題），然後引導到論文研究的核心課題。並且必須說明在經驗現象和理論觀點上探究此一課題的目的，究竟是要釐清什麼樣的經驗現象或理論課題（或是二者兼具），這樣的研究目的，又具有什麼樣的重要性（社會意義或學術價值）？最後再將論文對此課題試圖探究的相關層面，以概念性的提問方式，逐一羅列出來，形成論文研究的問題意識，並以此作為先期研究文獻搜尋與回顧的基本線索。

　　值得提醒的是，論文計畫書的研究動機／研究緣起與正式論文第一章〈緒論〉處的「破題／開場」（可能也叫做研究動機或研究緣起），有一些不同。此處的研究動機或研究緣起可以是比較直白的「真心話」，真的是從個人的興趣或觀察所引發的社會關懷與學術好奇，這樣子指導教授和相關領域的學術同儕才能夠充分了解你為什麼要做相關的研究。然而，「個人興趣」只是必要條件，但不夠充分，因此必須將你的個人好奇，扣連到普遍或特殊的社會現象，及其相關概念所具有的社會意義和學術價值。這也是論文研究究竟是**自己死感動**，還是**讓人感動死**的根本差別。相反地，在正式論文的緒論當中，由於你回頭寫緒論時已經做完了正式的文獻評述與田野工作，並且得出初步的經驗分析結果，因此你可能有比自己親身經歷更適合的例子或事件來作為論文的開場，這時候就可以將論文計畫書的研究動機／研究緣起替換掉。當然，如果論文計畫書的研究緣起就已經寫得很好，那麼用它作為正式論文的緒論也無不可，只要稍加修改潤飾即可。

5.（先期）文獻回顧（包括國內外對於相關課題的研究情形與重要文獻的評述）

　　許多研究生，甚至指導教授，不明瞭先期研究階段的文獻回顧和論文第二章的正式文獻回顧有何區別，所以常常將一些不相關的文獻資料塞進論文裡面，反而給人濫竽充數的不良觀感。若能將這些最終並不直接相關，卻有助於了解整個研究脈絡的文獻在論文計畫書中清楚交代，並且依據文獻的屬性擇要地放入正式論文的〈緒論〉、〈文獻評述〉和〈研究設計〉等不同章節當中，將使論文的整體論述，更加層次分明、精準到位。

　　簡單地說，先期文獻回顧的目的，就是將所蒐集到的學位論文、期刊論文、學術專書和資料文獻加以「粗篩」，然後將這些文獻資料分派到〈緒論〉、〈文獻評述〉和〈研究設計〉等不同章節當中，扮演不同的角色。當然，所有的文獻對於形構論文的整體架構和充實各章節的論述內涵，或多或少都有用處，但一般而言，學位論文和期刊論文的主題架構多半用在〈緒論〉章節，用以釐清你論文所關心的課題究竟有哪些人已經從哪些面向如何加以研究過，這中間有哪些具體成果可以留用，有哪些失落環節需要進一步釐清，進而明確界定出你論文的研究範疇。學術專書和期刊論文所交織而成的理論架構，則多用在〈文獻評述〉章節，用來建構論文所需的理論觀點和分析架構。〈文獻評述〉章節裡面的具體血肉，可以用期刊論文的經驗研究來填補。經驗資料則多用在〈研究設計〉章節，用來鋪陳經驗分析的背景資料。因此，論文計畫書中的（先期）文獻回顧，只要簡明扼要地說明你搜尋過哪些相關文獻，它們如何幫助你界定論文的研究範疇，你將採取什麼樣的理論觀點，以及經由這樣的批判分析之後，原

本在研究緣起部分結尾處所羅列出來的研究問題，可以進一步萃取出什麼樣的問題意識，進而研擬出論文的研究假說。

　　換言之，先期文獻回顧的具體成果，除了可以在論文計畫書中有效地界定論文的問題意識和準備採用的理論觀點、分析架構和研究方法之外，經由適當的濃縮與改寫，將來也可以納入正式論文的〈緒論〉當中，作為釐清問題意識與界定研究範疇的概念耙梳。那麼在正式論文的〈文獻評述〉章節，就可以聚焦在直接相關的理論概念上，深入探討，進而提出論文的分析架構和具體的研究假說。

6. 研究假說（包括研究假說和概念圖）**與研究設計**（包括研究對象、
　　研究方法、進行步驟和執行進度等）

　　至此，論文計畫書應該已經有了相當明確的問題意識，而且是藉由適當的理論觀點將其轉換成用抽象概念表述的層層關係。藉由這些關鍵變數的連動關係，可以條列成一條條有如函數般的命題，形成實證科學的研究假說。再藉由實驗、觀察或是訪談、問卷等研究設計，蒐集並分析相關的經驗資料，藉以檢驗這些假說的有效性。因此，論文計畫書的核心部分——亦即從概念化連接到操作化的關鍵轉換——就是研究假說的建構與研究設計的研擬。前者除了可用文字（條列）敘述之外，建議研究生應該盡可能將這些關鍵變數之間的關係，畫成簡單的**概念圖**（conceptual framework），一方面可以藉此歸納出從研究緣起到文獻回顧的概念化成果，另一方面則是可以用它作為研究設計和經驗分析的操作化指標，具體擬定所欲觀察的研究對象（或是研究區域）、資料搜集的有效方法（各種實驗、觀察、問卷、訪談等）、田野工作的進行步驟和各階段預計完成的工作項目等等。這些

資料搜集與經驗分析的具體內容，就是研究設計（或研究方法）必須交代的重要事項。必要時也可以檢附相關的圖文或表格，簡單說明整個研究設計和田野工作的具體內涵。最後再以甘梯圖（Gantt chart）列出整個田野工作的起訖期程和各階段的工作項目，這樣子就能清楚顯示出整個研究的具體內容。

7. 預期成果（包括預定完成的研究項目、預期的學術貢獻和社會意義等）

通常，論文計畫書的審核大概是把論文研究的問題意識、理論觀點和研究方法等幾個重點釐清之後，就差不多了。但是我認為，一個完整的論文計畫書應該在結尾地方，具體提出論文預定完成的研究項目，並且大膽預期這些研究成果可能帶來的學術貢獻和所具有的社會意義。其實，就是換一種說法回頭檢視研究設計、文獻回顧和研究緣起各部分所提到的工作項目、理論觀點和研究目的及其重要性，以確保整個研究會按照論文計畫的方向前進，並為正式論文的〈結論〉部分預先鋪排。有些比較謹慎的研究生，也可能在這個階段就預先想好整個論文的研究限制和後續研究的可能性，但我認為在這個階段只要明確釐清論文的研究範疇即可，至於研究發現的普遍性或適用性，甚至它的學術貢獻和社會意義等，不妨先大膽一些，等到論文計畫書發表時有師長或同學提出質疑，再將無法解決或研究前提之外的問題，納入正式論文〈結論〉章節，作為研究限制和後續研究的思考範疇。

8. 參考文獻

除了論文計畫書的正文之外，最後也應該將先期研究階段用到的

參考文獻列入，並以此檢核自己論文的文獻資料，在國內外學位論文、期刊論文和學術專書之間的數量和配比上，是否允當。至於參考文獻和引文的格式，我會建議在這個階段就先弄清楚系所的論文格式要求，以它作為文獻建檔的依據，這樣可以省掉後續校對和修改的許多麻煩。如果系上沒有特殊規定，也應該參考所屬領域常用的格式規範，例如，社會科學多參考美國心理學會（American Psychological Association）的 APA 格式，人文學科則較常使用美國現代語言學會（Modern Language Association of America）的 MLA 格式，比較傳統的人文社會科學領域可能還沿用英美出版界最常使用的《芝加哥論文格式手冊》（*The Chicago Manual of Style*）所訂定的 CMS 格式等。或是可以參閱吳宜澄、盧姵綺（2004）特別針對台灣人文社會科學領域的學位論文所歸納整理出來的《論文寫作格式手冊》。[7]

有了上述各項內容，我相信你的論文計畫書應該已經相當齊備了，接下來就是如何逐步落實，並寫成論文的執行問題。在此我要小小提醒，論文計畫書和正式論文不同，它只是讓師長和同學了解和評估你的研究題目是否有意義、研究觀點是否允當、研究方法是否可行的檢核文件，到正式撰寫論文的時候還會大幅度修整，因此論文計畫書不必字字斟酌、句句雕磨，只要言簡意賅、提綱挈領即可。但這也不是說論文計畫書就可以潦草亂寫，要記住，它是指引研究論文進行的重要依據，甚至有部分文字可以直接作為正式論文的草稿，不是寫完就擱在一旁的官樣文章。論文計畫書通過之後，要記得將師長和同

---

7   吳宜澄、盧姵綺（2004）。《論文寫作格式手冊》。台北市：桂冠。

學的建議納入計畫，然後按部就班加以實踐，時時刻刻加以對照、修正，進而掌握自己的研究動向和論文進度，這樣才能夠事半功倍、日竟有功，論文的完成也就指日可待了！

・ 正式研究階段 ・

5

文獻評述與理論建構

正式研究階段工作重點：

1. 理論觀點的釐清（碩士論文）與建構（博士論文）

2. 研究設計

3. 田野實作

4. 初步資料分析

正式研究階段的關鍵產出：論文第二章〈文獻評述〉初稿、第三章〈研究設計〉初稿、第四章〈研究發現與分析討論〉草稿

論文計畫書通過審核之後，就進入論文研究的正式研究階段。正式研究階段有三件重要的事情要做，包括（1）釐清與建構論文的理論觀點，（2）落實研究設計與進行田野實作，以及（3）對田野實作所獲得的經驗資料進行分析。對修業兩年的碩士生而言，正式研究階段通常會從碩一下學期的期中開始，好讓暑假期間能夠心無旁騖地進行田野實作。碩二上學期開學之後，開始進行資料分析。這樣寒假期間才能夠好整以暇地正式進入論文撰寫的最後階段。以修業四年的博士生來說，正式研究階段多半是在博士班二年級和三年級這兩年期間。博二這一年要把文獻評述的部分搞定，最好在博二升博三的暑假

進入田野實作階段，並且在博三結束前，完成經驗分析的初稿，這樣才可能在四年內完成論文。

當然，不同學科系所和不同個人狀況，都會讓實際情況有所改變，這裡所說的只是一般通則，不必過於拘泥。但是這樣的時間序列，不論就課程安排、田野考量和研究生的身心狀況而言，可能都是最有利的規劃方式，因為它讓研究生還有機會利用選修課程去補強論文研究所需的理論知識，完整的暑假期間（博士班則有兩個完整的暑假）也有利於田野工作的進行，甚至有些研究還需要到離校或離家遙遠的研究區域蹲點，所以必須妥善規劃。最重要的是，研究生還要預留一些時間來因應可能發生的各種狀況，包括田野工作中無法逆料的各種阻礙，以及資料分析的種種困難，甚至因為資料蒐集不齊必須重回田野補做部分工作等等。如果研究生無法妥善規劃並有效落實論文研究的進度內容，在不犧牲論文品質的前提之下，延後畢業就變成無可避免的事情。這也是為什麼有些研究生在毫無警覺的情況下，就悠悠邁入碩三、碩四，或是博五、博六的延畢階段。然而，過去的經驗告訴我們，論文拖得越久，最終無法畢業的風險就越高。尤其是博士生，看似充裕的修業期間（最長七年，加上可以連續或間斷休學二年，合計九年），反而可能落入研究所老是念不完的「研瑞」陷阱──「研究生不死，但是生不如死。」

特別是正式研究階段的前半階段，也就是理論建構時期，是研究生（特別是博士生）最容易迷失，導致主動放棄學業的關鍵階段。因為在廣泛閱讀和深入思考的過程中，研究生不僅必須不斷在別人的理論視野和自己關心的研究課題當中，有效地聚焦；而且，還必須明確地提出自己的論述觀點，博士論文甚至得發明自己獨到的理論。如果

沒有一個有效的收斂機制，不論就論文研究的具體內涵或是研究生的身心狀態而言，都有可能陷入失焦、發散的困境。因此，如何在不同的研究階段保持良好的論文書寫狀態，絕對是攸關論文成敗的關鍵因素之一。這也是為什麼本書試圖以計畫導向學習（PjBL）的檔案管理模式，來作為策動與指引研究學習的重要因素。

接下來就讓我們先來探討正式研究階段的前半部分：如何釐清與建構學位論文的理論觀點，以及如何撰寫論文的〈文獻評述〉章節；下一章再分析研究設計、田野實作和資料分析等正式研究階段的後半部分。

文獻評述與理論建構的抽象思考

有了先期文獻回顧的基礎，到了正式研究階段，研究生該做的事情就是藉由既有理論的思想導引，為經過初步釐清的問題意識，進行概念性的批判分析，進而建構出整個論文的理論觀點。這樣的抽象分析，對於碩士論文和博士論文而言，有不同程度的要求。一般而言，碩士論文只要符合具有理論觀點的基本條件，也就是能夠運用既有理論的相關概念來分析你所關心的經驗現象，而且言之成理，就算過關。但是對於博士論文而言，光是運用既有理論來分析經驗現象，並不足以滿足學術原創性（originality）的嚴格要求，還必須在既有的理論縫隙或是行動皺摺中，提出自己獨到的理論觀點，甚至在觀察經驗現象的問題意識和資料搜集的研究設計上，也有不同於以往的獨到見解與特殊方法，才夠資格取得博士學位。

　　接下來，本章將簡單歸納理論建構的基本步驟，也就是論文中有關文獻評述的相關內涵。但是在那之前，我想先提一下研究所階段的讀書方法，或許有助於研究生快速掌握文獻評述的要訣。

理論文獻的閱讀之道

　　曾經任教於哥倫比亞大學、芝加哥大學等校，同時也擔任《大英百科全書》編輯顧問的美國哲學家和教育學家艾德勒（Mortimer J. Adler），他在 1940 年出版了《如何閱讀一本書》（*How to Read a Book*）一書，立刻榮登全美暢銷書排行榜第一名寶座，並蟬聯榜首一年多的時間。艾德勒在 1972 年重新修訂改版的序文中指出，不僅大部分的人不懂得讀書的要訣，甚至由教育專家所發展出來閱讀指導策略，大多也只停留在小學六年級的基本水平。超出這個範圍，可以帶領學生進入更高層次、需要不同閱讀技巧的正式訓練，幾乎少之又少。[8] 我在參與科技部的閱讀研究專題計畫過程中，從徵求計畫的公告說明和研究成果的發表場合，也發現類似的現象──聚焦在學齡兒童不同階段和不同情境下的基礎閱讀研究，甚至還有教育學者為學齡前兒童訂定閱讀能力指標，或是以平板電腦作為兒童繪本的閱讀平台。但是，對於需要大量閱讀與複雜理解的學術閱讀，也就是我們這些學者專家賴以維生的日常實踐，卻鮮少有學者進行廣泛、深入的研

8　Adler, Mortimer J. and Charles van Doren (1972). *How to Read a Book: The Classic Guide to Intelligent Reading.* New York: Touchstone Book, p. x.

究，殊不知這可能正是我們的高等教育與學術研究之所以難以突破的困境之一。為此，艾德勒歸納出四種主動學習的閱讀層次，分別是小學生讀書識字的**基本閱讀**（elementary reading），讀書看報以獲取資訊內容的**檢視閱讀**（inspectional reading），從分析書中的道理以獲取科學知識的**分析閱讀**（analytical reading），以及為了特定目的同時研讀好幾本和某些主題相關書籍的**整合閱讀**或**主題閱讀**（syntopical reading）。[9]

從這四種閱讀層次當中可以得知，從幼稚園、小學、國中，甚至到高中的基礎教育，或是一般民眾日常生活的閱讀需求，大致是以讀書識字的基本閱讀和獲取常識性知識（commonsense or educated knowledge）的檢視閱讀為主。至於高等教育的知識學習——也就是《如何閱讀一本書》1972 年改版書名副標題所強調的「智能閱讀」（intelligent reading），在大學部中、低年級是以著重單一文本批判思考的分析閱讀為主；在大學部高年級和研究所階段，則是逐漸從單一文本的分析閱讀進展到就某一主題同時涉獵好幾個不同文本的整合閱讀，也就是多重文本的批判整合，並以此作為撰寫論文或建構論述的基本素材。換言之，整合閱讀的目的不再只是消極地學習知識，而是要從多篇分析閱讀的文本當中，建構出自己的觀點。並以引用、歸納、詮釋、延伸、演繹、反駁、統整等批判閱讀的統合論述，作為整合閱讀的實作產出。這種結合分析閱讀與整合閱讀的批判閱讀模式，正是論文寫作中有關〈文獻評述〉章節所需要的概念釐清與理論建

9　Adler, Mortimer and Charles van Doren 著，郝明義、朱衣譯（2003）。《如何閱讀一本書》。台北市：台灣商務印書館，頁 17-21。

構工作。

　　這些以分析閱讀和整合閱讀為主的進階課程，往往需要**大量閱讀**以**英文**撰寫（或是翻譯成英文）的學術文本。尤其在研究所階段，這些數量龐大的英文文獻，往往又是未經消化整理的學術專論或期刊論文，而不是經過濃縮萃取和巧妙編排的教科書。由於大多數同學（英語系或外文系例外）過去的英文閱讀經驗僅限於「英文課」內以小量、單篇文章為主的語文學習情境，到了研究所之後，他們得同時面對包括基本閱讀（因為英文字彙不夠多，文法也不夠熟練）、檢視閱讀（平常英文閱讀的練習不夠）、分析閱讀（高中以前較多以教科書為主，單向、被動的填鴨學習），甚至整合閱讀（很少主動探索，搜尋不同文獻以獲得解答）在內的多重閱讀挑戰，所以有些研究生不是自暴自棄地仰賴課堂筆記，就是設法尋求中文譯本，僅有部分同學願意勤查字典，一字一句的讀完課程指定的文獻。但究竟能讀懂多少？恐怕也是一大疑問。加上我們從小到大的學校教育，甚少教導同學批判思考的基本方法，還有學校的教學評量也多採用是非、選擇、填充、計算等有「標準、正確答案」的考試評量，同學們除了作文課的議論文之外，很少有批判分析與論述寫作的機會。因此，進了研究所之後，研究生往往得在極其有限的時間內，同時面對英文原典的四種閱讀層次考驗，還有從大量閱讀到積極寫作的學習轉換，這的確不是一件容易的事情。如果未能有效轉換，論文難產的例子，自然也就屢見不鮮。這也是為什麼許多研究生中途而廢的致命關卡，多半是卡在理論建構的正式研究階段初期。更恐怖的是，這個階段可能拖得很長！

從有效學習到批判閱讀的理論缺位

　　雖然國內外有不少關於閱讀學習的研究，不過多半是聚焦在兒童閱讀或是第二語言的學習，或是從理解文本的閱讀策略著手。例如：決定文本的重要性（找出文章的主題、整體結構、關鍵詞、論點、命題等）、彙整資訊（從文本中找出有用的概念、點子和案例）、進行推論（從文本中產生意義或得到啟發，尤其是從文章中沒有明確寫出的部分，獲得超越文本本身和讀者先備知識之間的意義連結）、提出問題（包括教師的提問或學生的主動發問，用以釐清和發掘文本的疑點，進而提升閱讀理解的效果）、監控理解（在閱讀過程中注意、控制與調整其閱讀障礙）等。甚至有人運用自我解釋的閱讀訓練方式，模擬教室師生互動的教學情境，開發出「iSTART」（Interactive Strategy Training for Active Reading and Thinking）的互動式網路閱讀訓練軟體。[10] 整體而論，這些閱讀研究關注的對象多半聚焦在具體經驗的認知過程，較少著墨在抽象理解的後設認知過程。

　　這讓我想到美國俄亥俄州立大學心理系的羅賓遜（Francis Pleasant Robinson）教授早在 1930 年代所提出，從學生觀點出發的 SQ3R **有效閱讀**（effective learning）技巧。[11] SQ3R 分別代表**綜覽**（Survey or Scan）：意指瀏覽書名、目錄、索引、書衣的簡介等，加上跳躍式地

10　由於本書旨在分享研究歷程與論文寫作的相關經驗，並非實質的研究論文，為了避免干擾正文，除了非常重要的文獻出處，否則所有有關閱讀研究的文獻資料，在此一律省略。

11　參閱 Jenkins, Alan and John R. Gold (1992). "Effective learning: a traveller's guide." In *The Student's Companion to Geography*, eds. Alisdair Rogers, Heather Viles and Andrew Goudie. Oxford: Blackwell, pp. 119-127.

隨手翻閱書籍文章的內容，進行概括式的綜覽；**質疑**（Question）：是提醒讀者在閱讀時應該帶著疑問，質疑作者到底想說什麼？這樣的問題有趣（重要）嗎？它和我（或我關心的事情）有什麼關係？作者說得有道理嗎？這本書到底值不值得仔細閱讀等疑問；**閱讀**（Read）：是指讀者應仔細了解作者說些什麼？它有哪些關鍵概念？作者是如何論述的？它有哪些重要結論等書中內容；**記憶或背誦**（Recite or Recall）：是指讀者在了解書中的內容之後，可以用手（寫）和口（說）等方式來記憶這些內容的重點；最後加上**複習**（Review）：是指必要時（例如要考試、作報告、進行研究、教學等），可以對上述項目加以複習，以收溫故知新之效。結合 SQ3R 的閱讀技巧，的確會比毫無線索地從頭到尾亂讀一通，更能幫助學生理解書本的內涵。

　　這套能夠幫助讀者有效地自我學習的閱讀技巧，多年以來廣泛被中、小學教師用來作為課程學習的輔助工具，甚至被納入了學校課程的正式架構，也衍生出美國杭庭頓學院（Huntingdon College）心理學系史達頓（Thomas F. Staton）教授所提出的 PQRST 教學策略。[12]PQRST 分別代表**預習**（Preview）、**發問**（Question）、**閱讀**（Read）、**彙整**（Summarize）（包括自我記憶與重新陳述的歸納彙整），以及**測驗**（Test）。簡言之，SQ3R 是從學習者立場出發的有效閱讀策略，而PQRST 則是從教師教學與學習評量角度切入的課堂學習模式，也是台灣教育現場最常採取的教學模式。但是因為台灣學生從小到大的課業負擔實在太重，學生跟著課程進度跑都未必跟得上，所以 SQ3R 和

12　參閱 Staton, Thomas F. 著，李鴻長譯（1993）。《讀書方法》。台北市：聯經。

PQRST 在實際應用上，往往只做到 3R 和 RST 的後半套，多數學生根本沒有 SPQ 等綜覽、預習和提問的主動閱讀習慣，也間接造成學生被動學習、應付考試的消極態度，缺乏前述閱讀研究所提到的決定文本重要性、彙整資訊、進行推論、提問、掌握理解程度等閱讀理解與知識學習的有效策略。到了大學高年級和研究所階段，這個缺乏批判閱讀的學習困境，也就回頭反噬學習動機、閱讀策略和學習（或研究）成果之間的緊密關係。

　　由於 SQ3R 和 PQRST 的閱讀學習只著重在讀本內容的歸納和整理，缺乏批判分析和演繹延伸的科學訓練；而且，這兩套閱讀方法或教學策略都只有規範性的施作建議，欠缺操作化的實踐方法；最重要的是，這兩種學習模式都相對消極和被動，不利於大學和研究所階段的獨立自主學習，尤其不利於學術原典的批判閱讀和獨立研究所需的

文獻整合閱讀。因此，在 SQ3R/PQRST 的基礎之上，我特別借用心像圖（mind map）的圖像式記憶方式，並整理我自己在不同學習階段所領略到的閱讀技巧，特別是到大學教書、做研究之後回頭反思的閱讀之道，發展出針對大學和研究所階段以概念理解和思想論辯為主的人文與社會科學進階閱讀策略──「From CNN/BUS to TAKSI」的**筆記式閱讀策略**，讓閱讀理解的認知過程和創造思考的動態連結，可以轉化為有形的閱讀軌跡，並整理成論文寫作所需的文獻資料和論述素材，進而體現文獻評述所需的批判閱讀技巧。

接下來我就簡單說明 CNN/BUS 的分析閱讀技巧和 TAKSI 的整合閱讀筆記。

From CNN/BUS to TAKSI 的筆記式閱讀策略

早在 1950 年代符號學家就發展出圖像網絡的記憶方式，並被教育學者、心理學家和工程師等用在學習、腦力激盪、記憶、視覺思考和解決問題等實務用途。1990 年代之後，英國的心理學科普作家布南（Tony Buzan）將上述理論與各項應用方法加以整合，發展出他稱之為**心像構圖**（mind mapping）的筆記模式，用文字、圖框和顏色線條來組織思緒，據稱可以有效地用於思索問題、綱要設計、組織結構關係、創意思考、提升工作士氣等。[13] 我在倫敦政經學院念博士班時，也常看我的指導教授在課堂上運用心像圖的技巧，組織同學們報

---

13   參閱 Buzan, Tony (1993). *The Mind Map Book*. London: BBC Publications; Buzan, Tony (2004). *Mind Maps at Work: How to Be the Best at Your Job and Still Have Time to Play*. London: Harper Collins.

告或討論的內容，覺得視覺性的表達與記憶方式，效果不錯。因為透過概念性的歸納與圖像關係的適當連結，人們會比較容易理解這些變項之間的關聯性，事後也比較容易記住。因此，我將心像構圖的記憶模式加以修改，結合 SQ3R/PQRST 的有效學習步驟，再加入概念化（conceptualization）的後設認知歷程以強調閱讀文本頂層結構的敘事邏輯，並運用圖文篇章與字裡行間的空間關係，建立一種「凡讀過必留下痕跡」的分析式閱讀模式，我將它稱為 CNN/BUS 的**圖像式閱讀**策略。

　　簡言之，CNN/BUS 是一種從書本的字裡行間整理出閱讀與思考軌跡，並將其謄寫在書本空白處，形成一個次級文本的有形閱讀方式。它的基本步驟和 SQ3R 相仿，不過卻更為具體。BUS 代表**瀏覽**（Browse）、**劃線**（Underline）和**彙整**（Summarize）的**粗讀**步驟。至於彙整心得重點的具體方式可以用 CNN 的**精讀**動作加以落實。CNN 分別代表**圈字**（Circle）、**註記**（Note）和**標號**（Number）的輔助動作，是指在劃線的重點部分圈出代表關鍵概念的詞彙（這些關鍵詞彙的重要線索是它們在文章中經常以斜體（*Italic*）或**粗體**（Bold）強調，或是出現在文章的段落標題上面），並在適當的空白處用自己的話概述該段的重點或心得感想，最後再用號碼標示這些重點的先後順序。BUS 和 CNN 會分別留下粗讀和精讀時的閱讀軌跡，也形成一種經過讀者消化吸收的次級文本（或文本再現）。我在教書備課或研讀研究文獻時，就是利用這種在書本上作筆記的閱讀模式，既可以掌握文本的整體結構，也能夠關注到每個段落裡的重點細節，還能夠連結到文本之外的現實世界，是一種非常簡單有效的閱讀策略。

　　首先，我會快速瀏覽文章，遇到重點時立即回頭劃線，有時候也

會順便把關鍵詞圈出來。所以，在 BUS 的粗讀過程中，我已經讀了兩次（瀏覽和劃線的重點擷取）。然後，讀到一個段落時，我會回頭以圈字（或是在空白處把關鍵字謄出來）和註記的方式，在書上的空白處——最好是在段落開頭處或有劃線的重點旁——用自己的話扼要說明該段劃線文字和圈起來的關鍵詞所代表的重點，最後再依序將掌握到的文章重點加以標號，重新整理我對這篇文章的理解（圈字、註記寫下重點或感想是第三次閱讀，標號是第四次閱讀）。透過 CNN/BUS 的閱讀方式進出文本，我就很容易記住作者整篇文章如何論述，有哪些重點。就算記不住，只要簡單翻一下書，馬上就知道每一段的重點和我的心得是什麼等等。所以，做完 CNN/BUS 的閱讀動作，我至少已經用不同方式來回讀了三、四次文章內容。而且，每一次閱讀的重點和概念化層次都不同。所以，每多讀一次，就更深入一層，不僅有助於將文章內容轉化為自己消化、理解的再現文本，同時也更貼近作者寫作時的文思脈絡，讓你學到「知其然，也知其所以然」的後設批判思維。最重要的是，這種圖像式的閱讀方式非常省時，不用每次都回到原始文本的細節脈絡，但又隨時可以追本溯源找到每一段重點的原始出處，非常適合作為大學和研究所進階學習單一文本的分析閱讀策略。

此外，我在國外念博士班的時候，由於大部分的書都是從圖書館借來的，不可能在書上劃記。而且，國外影印非常昂貴，還有著作版權的複印限制，只好勤作筆記。加上後來教書之後的一些課程實驗，發展出 TAKSI 的**文獻閱讀筆記**（其實就是手工版的 EndNote），非常適合整合閱讀的研究需求。

簡單說，我有一本專門記錄文獻閱讀的筆記本（如果你收拾、組

tree-like
semi-lattice 2種思維結構

對應 現代 artificial cities 2种城市型態
傳統 natural cities

'A City is Not a Tree'

模式語言之文
pattern language

by Christopher Alexander

Architectural Forum (1965)

(1) The tree of my title is not a green tree with leaves. It is the name of an abstract structure. I shall contrast it with another, more complex abstract structure called a semilattice. In order to relate these abstract structures to the nature of the city, I must first make a simple distinction.

(2) I want to call those cities which have arisen more or less spontaneously over many, many years *natural cities*. And I shall call those cities and parts of cities which have been deliberately created by designers and planners *artificial cities*. Siena, Liverpool, Kyoto, Manhattan are examples of natural cities. Levittown, Chandigarh and the British New Towns are examples of artificial cities.

現代人造
城市不
成功
→ 缺乏 aliveness 的無名特質

(3) It is more and more widely recognized today that there is some essential ingredient missing from artificial cities. When compared with ancient cities that have acquired the patina of life, our modern attempts to create cities artificially are, from a human point of view, entirely unsuccessful.

Both the tree and the semilattice are ways of thinking about how a large collection of many small systems goes to make up a large and complex system. More generally, they are both names for structures of sets.

(4) In order to define such structures, let me first define the concept of a set. A set is a collection of elements which for some reason we think of as belonging together. Since, as designers, we are concerned with the physical living city and its physical backbone, we must naturally restrict ourselves to considering sets which are collections of material elements such as people, blades of grass, cars, molecules, houses, gardens, water pipes, the water molecules in them etc.

用 elements
sets
structures
來說明這
2种城市
型態的
差別

When the elements of a set belong together because they co-operate or work together somehow, we call the set of elements a system.

For example, in Berkeley at the corner of Hearst and Euclid, there is a drugstore, and outside the drugstore a traffic light. In the entrance to the drugstore there is a newsrack where the day's papers are displayed. When the light is red, people who are waiting to cross the street stand idly by the light; and since they have nothing to do, they look at the papers displayed on the newsrack which they can see from where they stand. Some of them just read the headlines, others actually buy a paper while they wait.

eg. 紅綠灯路口的 系統/集合/之氣圍像

圖二：CNN/BUS 的圖像式閱讀策略

（範例文章來源：www.rudi.net/pages/8755，2015/12/8）

織的能力很強，也可以使用活頁紙，這樣更有助於後續的分類整理，但缺點是重組之後，比較容易喪失原始閱讀時的整體文獻脈絡），每讀完一本書或一篇期刊論文時，我就會在筆記本上先抄錄書籍或論文的基本資料和我研讀的日期，然後將書上的重點用藍筆謄錄下來，註明頁碼，並且接著用紅筆寫下自己的看法，可以是用自己的話複述劃線處的重點，或是加以延伸（換言之……）或反駁（但是……），甚至加上正反合的辯證結果（因此……）。逐段寫完之後，通常我會在一篇筆記的最後或開頭，用黑筆和短短的一兩句話，寫上自己對該文的整體評論。有時候也會在文字旁邊的空白處加上黑筆或綠筆的第二層註解，表示這段文字或感想可以用在自己論文的什麼地方，或是它可以和其他文獻的哪些作者或什麼理論對話。因此，我的筆記本在抄錄重點時都只使用單面，另外一面留給第二層註解或上位的概念連結之用。由於這種閱讀筆記可以創造出一個進出不同文獻文本與連結相關理論的中介空間，類似經過思想加工的理論半成品，或是手工版的EndNote。只是文字的搬遷、複製、增減都得靠人工重謄一次，比較麻煩，卻也因此對於文獻資料的掌握程度更加嫻熟，是批判閱讀與綜合整理理論文獻的有效方法，對於文獻評述的論文寫作，非常有幫助。

回台灣教書之後，我將博士班時期養成的閱讀筆記形式，加入一般期刊論文的基本格式，發展成 TAKSI 的預習筆記格式，用來訓練大學生概念化理解文章內容的讀書方式，並以預習筆記作為平時成績

的送分方式（只要有做預習，不論好壞，都可滿分集點！），鼓勵同學養成課前預習的習慣。這樣上課時才能夠把大腦的記憶體空間騰出來，和老師及同學作批判思考的論述對話。TAKSI 預習筆記的格式與內容大致可歸納如下：

1. Title/Subtitle（標題及副標）：在讀完單元內容之後，請運用你的想像力，給這篇文章重新命名或是增加一個副標題，以反映該文的核心觀點或你閱讀之後的宏觀理解。

2. Abstract（摘要）：用 150 ～ 300 字，概略描述該文的主旨和重要內容。

3. Keywords（關鍵詞）：找出文章中最重要的核心概念，以四至七個為度。

4. Summaries（重點整理）：以條列的方式依序舉出書中的重點，並加註自己的看法。

5. Implications（啟發與感想）：用簡短的幾句話，寫下閱讀之後的啟發和感想。

TAKSI 這幾個閱讀筆記的基本項目——例如：如何下個好標題（Title/Subtitle）、如何掌握一篇文章的中心主旨（Abstract）、如何確認一篇文章裡有哪些核心概念（Keywords）、如何找出文章中的重點，並加以批判（Summaries），還有設法將文章中的理念和自己關心的議題加以連結等（Implications）——都是文獻整理和學術寫作（整合閱讀）不可或缺的馬步功夫。只要視需要從不同的閱讀筆記中擷取相關文字，加上適當的改寫和連結，就可以有效地組織文獻評述的基

本素材，進而建構出論文的理論觀點或分析架構。唯有不斷藉由分析他人文章來磨鍊自己批判分析和建構理論的基本功力，等到自己要動筆寫論文的時候，才能夠旁徵博引、有效整合，甚至敢在文獻評述的批判論述上，大膽的「調兵遣將」，也不會顯得生澀。最重要的是，CNN/BUS 和 TAKSI 這兩項適合分析閱讀和整合閱讀的閱讀策略，還可以進一步幫助研究生在不斷歸納整理與演繹發散的概念昇華過程中，發展出**概念架構／概念圖**（conceptual framework）的理論模型，作為研究假說的分析框架。有不少研究生將**概念圖**的分析架構和假設演繹法的**研究流程**（research process/flow chart）混淆，甚至將二者合而為一。其實，二者的區分非常簡單。概念圖是將研究課題的具體內容，以抽象概念的關係圖示加以呈現，也就是研究歷程前半階段概念化的集大成，它也是擬定研究設計和引導後續經驗分析與討論的重要依據。相反地，一般論文所顯示的研究流程，其實就是本書第二章所說的實證科學研究典範之下的科學步驟，它已經充分反映在論文的章節架構當中。除非你的論文研究有不同於此的特殊步驟，否則沒有必要在論文中一再重複這個研究生都應該知道的常態科學（normal science）基本步驟。

　　此外，由於在 From CNN/BUS to TAKSI 的分析閱讀和整合論述過程，研究生必須不斷進出不同作者思考論述的「意識流」（stream of consciousness）當中，透過這些學術文獻的潛移默化，研究生自己在撰寫論文時，必定也會受到這些學術前輩思維模式與敘事風格的熏陶、啟發，進而逐漸發展出自己的論述模式和寫作風格。這些事情都是論文寫作亟須培養的基本功夫，可惜很少指導教授有時間仔細傳授這些只可意會，卻難以言傳的默會知識。而且，除了畢恆達老師的

《教授為什麼沒告訴我》及少數論文寫作的書有約略提及之外，好像也沒有太多的專書或課程，系統性地探討這些研究歷程和論文寫作的「眉角」。難怪研究生們一談起論文寫作，就哀聲連連。然而，我也必須提醒，這裡所提及的 CNN/BUS 圖像式閱讀策略和 TAKSI 文獻筆記技巧，都只是我個人摸索出來作為分析閱讀和整合閱讀的批判整理功夫，並非放諸四海皆準的標準學術操作模式。讀者可以依據所處學科領域的特性和針對自己獨特的需求，修改 From CNN/BUS to TAKSI 的閱讀之道，甚至另外發展出一套理論閱讀與文獻評述的方法。接下來我要進一步討論正式研究階段的理論建構過程，以及它的正式產出──〈文獻評述〉章節。

論述之道：從文獻閱讀到理論建構的轉換過程

前面談過，先期研究階段的文獻回顧已經對論文研究可能涉獵到的理論文獻進行過「粗篩」的工作，一方面先找出自己論文在相關領域可以立足和著力的學術利基，另一方面則是留待正式研究的前半階段，利用 CNN/BUS 和 TAKSI 的閱讀策略和筆記技巧，將閱讀文獻所累積而成的「理論半成品」，透過適當的安排與鋪陳，轉換成自己論文的理論觀點，進而構成正式論文當中，〈文獻評述〉章節的理論分析部分。

嚴格來說，雖然一般學位論文和期刊論文都遵循實證科學假設演繹法的五段式格式，但是二者在問題意識和文獻評述部分的敘寫方式上，還是有一些明顯的差異。簡言之，期刊論文是給「內行人」看的

專業文章，加上多數期刊都有嚴格的字數限制，所以期刊論文從緒論一開始的問題鋪陳就「高來高去」地結合了理論與經驗的綜合評述。到了文獻評述的理論分析部分，更是旁徵博引、言簡意賅地「點到為止」。每一句話可能都是一篇論文的精華，有時候一句話甚至涵蓋了好幾篇或一系列類似的文獻觀點，句尾的括弧裡還跟著一連串的文獻作者名稱，只有段落開頭和結尾的地方是作者自己的論點。但是，經由這一連串的評述鋪陳，也就巧妙地引導至作者自己的理論觀點，而且已經清楚地交代此一理論觀點的來龍去脈。讀者只要隨手找一些有嚴格審查機制的期刊論文，特別是英文的期刊論文來看，幾乎都是這樣的例子。

　　然而，學位論文不僅沒有這麼嚴格的字數限制，也沒有約定俗成的簡約敘寫風格，因此，它在釐清問題和評述文獻的時候，也就享有比期刊論文大得多的自由度。但是這樣的自由度，往往也是困擾研究生的一大問題，因為在前述「四合一」的閱讀困境之下，他們可能連單一理論的內涵都無法徹底理解，而文獻評述的批判分析工作還必須將各家理論的來龍去脈及其利弊得失，以結構完整、邏輯嚴謹和敘述流暢的文字梳理清楚。這對於第一次寫論文和部分不擅於以文字思考的研究生而言，有時候系所規定的論文字數限制，反而是困擾他們的字數「下限」。明明讀了很多理論，卻不知道哪些重點該放進論文裡，使得文獻評述部分不僅字數稀少，內容也很空洞。另外一種極端的例子是文獻評述的字數雖然夠多，但卻是大塊大塊地擷取、抄錄少數的理論文獻，很少作者自己的觀點，也沒有扣連到問題意識，幾乎看不出研究生自己的理論觀點和論述邏輯。這兩種現象都不是學位論文理想的文獻評述模式。

對於初次近距離大量接觸抽象理論的碩士生而言，有時候必須先仔細耙梳理論概念的基本內涵，才有辦法運用這些理論觀點來分析複雜的經驗現象，而博士生也必須藉由相關理論的概念釐清，從中找出得以建構自己觀點的理論階梯。因此，對於學位論文而言，比較理想的文獻評述應該包括兩大部分：第一個部分是對於所援引的理論內涵，先作重點式的摘錄整理和拼接整合，進而呈現出論文本身的概念架構。第二個部分則是在鋪陳概念架構和釐清理論內涵的過程中，具體指出這樣的理論概念如何用來理解與分析你在〈緒論〉中所提出的問題意識。換言之，文獻評述就是拿出一整組大大小小堆疊好的理論鏡片，在概念上仔細檢視論文一開始所提出的經驗課題，進而對這個問題提出一套概念分析的敘事框架。

　　此外，在正式研究階段，儘管碩士論文和博士論文的文獻評述都是為了建立論文所需的理論觀點，也就是藉由此一理論建構的過程，對於緒論中所提到的問題意識，進行抽象概念的理論分析，但是二者還是有所區別。碩士論文的文獻評述旨在說明自己如何援引既有的理論概念來作為論文的分析架構，所以歸納整理的成分較高。相對的，博士論文的文獻評述是試圖在批判回顧既有理論觀點的過程中，藉由套用、增訂、修補、延伸，甚至新創等方式，提出一個不同於以往的嶄新理論架構，進而為所欲研究的論文主題，指引出一個新的分析視野，甚至藉此領略與重新定義一個全新的經驗課題，這也是博士論文特別要求的學術原創性。當然，除了理論觀點的創新之外，更廣義的原創性還包括意識到別人不曾提到過的經驗現象是有問題的「問題意識」；為了獲取有用的經驗資料，因而在研究設計時對於研究對象和研究方法有獨到之處；還有在分析討論時能夠有效地將經驗資料轉換

成足以回應理論觀點的概念資訊之分析技巧等等，都是足以彰顯博士論文原創性的著力點。說了這麼多，那麼在正式研究階段，究竟該如何建構碩士論文和博士論文的理論觀點呢？

碩士論文：借用或整合既有理論觀點作為分析架構

對於碩士論文而言，事情比較簡單，只要先確定整個理論觀點的概念構圖（這在論文計畫書的先期文獻回顧部分已經有了一個基本輪廓），然後再以這個概念架構作為文獻回顧章節的基本框架，就可以有條不紊地闡述你所援引的理論觀點。一般來說，碩士論文通常是在眾多理論模型當中選擇一個適當的理論模型作為**核心理論**，這意味著從來龍去脈比較完整的學術專書中選擇某個理論學說當作基本的**論述架構**（也就是你所採取的理論觀點），然後再運用此一理論觀點去整合相關的文獻資料（主要是期刊論文和學位論文的應用研究），用以充實整個理論鋪陳的**技術內涵**，並且用這些理論應用的技術概念來連結到你論文研究的核心課題。有時候會有幾個大同小異的競爭理論可能適合作為碩士論文的核心理論，這時候你可以先對這幾個理論作一個簡單的評述分析，把它們的異同之處找出來，然後說明為什麼選擇其中一個理論，或是去蕪存菁整理出一個新的理論架構，當作你的核心理論。

值得提醒的是，在鋪陳理論觀點的論述過程中，你要時時記住，**究竟這樣的理論耙梳，如何有助於你在抽象概念的層次上，有效釐清先前提出的問題意識？**為了回答這個問題，〈文獻評述〉的章節內容可以包含下列幾個部分：

1. 理論觀點的具體陳述。由於學位論文是研究所訓練的核心環節，當越來越多系所取消碩士班的學科考之後，在論文中展現研究生對於學說理論的理解程度，也是評量碩士理論水準的重要標準之一。因此，對於論文論述架構的分析描述，特別是對於理論觀點的整體掌握，將是評斷研究生是否融會貫通的重要指標。如前所述，這樣的理論功力必須在講授課程的修課過程中，持續鍛鍊、培養。其重點在於掌握「who's who and what's what; how and why; and so what」的亞里斯多德三段式論法，以及「thesis, antithesis, and synthesis」的黑格爾正、反、合辯證法，二者所交織而成的批判閱讀精神，進而讓不同的學說理論為你所用。而且，在文獻評述的一開頭就清楚說明論文所採取的理論觀點，也間接確定了接下來所涉及的研究取徑和可能使用的研究方法。它就像不同武功門派和刀劍拳路之間的必然關係，如果你學的是武當派的正宗劍術，出手時應該就不會出現少林派的拳腳棒棍。就算你想兼容並蓄，融合不同學派的路數，也必須確定它們在本體論、認識論和方法論的立場上是相容的。否則，你的論文很可能會因為「內傷」而「破功」。我在這些年的口試經驗中，就碰過一些理論觀點和研究方法路數不合的論文。例如：在文獻評述時用的明明是結構主義的理論觀點，但是在研究設計時卻採用深入訪談的個案分析，自然難以獲得令人信服的研究發現。所以，在〈文獻評述〉一開始，就開宗明義地說明你所採取的理論觀點及其理由，是有必要的。這樣讀者也才能夠清楚了解作者明確的學術立場，進而在此一大前提之下，有效檢驗相關論述分析是否合理。我在研討會和期刊論文審查的過程中，看過不少「雞同鴨講」的學術（不）對話，就是因為大家沒有先確認理論觀點的基本前提。有關研討會的學術評論和期刊

論文的審查意見，究竟應該掌握哪些要點，將留待第九章再做進一步說明。

2. **重要名詞定義與技術內涵陳述**。在確定論文的核心理論觀點之後，或許可以對其中所涉及的重要概念，特別是論文所要考察的經驗課題，作名詞概念的定義釐清，進而連結到理論分析的技術內涵。有的論文會在〈緒論〉章節處，利用先期文獻回顧的成果先對所要研究的核心課題進行相關名詞的定義說明，以便界定論文的研究範疇，這也是可行的敘寫策略之一。不過，必須提醒的是，在〈緒論〉中出現的名詞定義，通常是對於研究課題的範疇界定，而不是對於理論概念的定義釐清。相反地，在〈文獻評述〉處出現的名詞定義，主要是為理論觀點的概念內涵，提出明確、清晰的解釋和說明，進而彰顯整個理論分析在概念上如何有助於深入了解所欲探討的研究課題。因此，比較允當的做法是讓理論概念的名詞定義和理論內涵的鋪陳敘寫，盡量靠近，這樣讀者才比較容易掌握相關概念的論述脈絡。換言之，在既定的理論觀點之下，有系統地闡述這些關鍵名詞的具體內涵及其關係，也就順利撐起了整個文獻評述的論述架構。

3. **相關研究的搭橋造路與理論－經驗的「牽絲－結繭」**。如果學位論文的文獻評述只有理論學說的概念架構，或是加上這些概念內容的具體闡述，那麼整篇論文就會顯得相當單調，甚至一時之間難以和所關心的研究課題產生連結。這也是許多論文口試時，口試委員常說的「理論觀點和經驗研究之間有明顯斷裂」的問題，因為你只有介紹相關的理論觀點，但並沒有在概念上運用這些理論觀點來分析或闡述論文關注的問題意識。這時候，就需要在理論觀點的基本框架之下，援引一些運用相關理論進行經驗研究的文獻（以期刊論文為主，專書

和學位論文為輔），作為連結理論觀點與經驗課題的血肉組織。它一方面可以作為理論觀點的演繹分析，另一方面也可以回頭歸納出相關概念的具體內涵，是文獻評述不可或缺的技術內涵。透過此一概念演繹／經驗歸納的**牽絲－結繭**過程，也就逐漸釐清研究問題在抽象概念上所代表的關係意涵。換言之，藉由這些不同層次的理論部署和概念分析，讀者就能夠抽象理解經驗現象背後的**道理**。

4. **回頭關照問題意識的具體連結**。為了避免理論分析與經驗課題之間的脫節（這是許多論文口試時常聽到的評語！），最好是在文獻評述的每一節結尾處，重新地帶入論文的核心課題，看這些理論觀點、核心概念及相關技術內涵，如何釐清及解釋你所關心的經驗現象。就如同我們在用 From CNN/BUS to TAKSI 的閱讀技巧研讀理論時的批判態度，你也可以用「who's who and what's what; how and why; and so what」的基本項目來做自我檢核，看自己論文的文獻評述究竟到不到位？

5. **研究假說與概念圖**。如果你的論文是量化研究的統計分析，那麼文獻評述的最終產出，通常是一組相互扣連的**研究假說**，作為你論文的核心論述。然而，有越來越多的社會科學領域，由於實證科學典範的逐漸式微，以及新興領域與學術思潮的陸續興起，採用質性研究或是其他跨領域研究取徑的學位論文已經相當普遍，加上傳統的人文學科，所以一般論文已經不再強制規定一定要有明確的研究假說，以及相關假說的檢定分析。但是，如果可能的話，我還是建議〈文獻評述〉的最後，盡可能將所採取的理論觀點和相關的關鍵變數，整理成一個簡單的**概念圖**（不是研究的「流程圖」哦！），讓概念分析的各個層面，能夠以變數之間的圖像關係，清楚地展現出來。因為概念

圖所顯示的分析架構，將在後續的〈研究設計〉和〈分析討論〉等章節，扮演相當重要的指引角色。在此讓我用《廚房之舞》書中有關身體－空間的日常生活地理概念，來說明空間生產和身體再生產的概念圖，如何作為銜接理論觀點和經驗分析的核心概念。[14]

簡言之，公寓住宅是台灣都市地區最普遍的住宅形式，廚房則是公寓住宅裡面積最小的活動空間。台灣女性吸菸人口遠低於男性，菸害防治也頗具成效，但肺癌卻連年高居女性癌症死亡的首因。巧的是，香港、澳門、新加坡、中國大陸東南沿海城市等公寓密集的華人地區，也是世界女性肺癌罹患率最高的一級警戒區。這讓我們不得不正視廚房油煙與婦女肺癌的「家庭毒氣室」問題。因此，《廚房之舞》試圖從「風險社會」的反身現代性角度切入，深入探討「女性本分」的性別家務角色、「男造環境」的居家空間、「家庭工業革命」的廚房科技，以及「飲食工業化」的煮食文化變遷所交織而成的複雜問題。為此，我特別發展出「日常生活地理學」的理論架構（圖三）：它一方面延續空間生產的政治經濟學批判，以列斐伏爾（Henri Lefebvre）包括空間實踐、空間表述與活現空間在內的空間生產三元辯證，對戰後迄今台灣公寓的生產過程提出空間病理學的現代性批判；另一方面則是加入身體再生產的社會經濟學觀點，以身體戰鬥、生命戰略和生活戰術所構成的身體再生產三元辯證，探究當代台灣婦女在公寓廚房內生存奮鬥的生活故事，進而建構出以活現空間／活歷身體為核心的社會生理學脈絡。這樣的理論觀點不僅用來補充「女性本

---

14   參閱吳鄭重（2010）。《廚房之舞：身體與空間的日常生活地理學考察》。台北市：聯經。

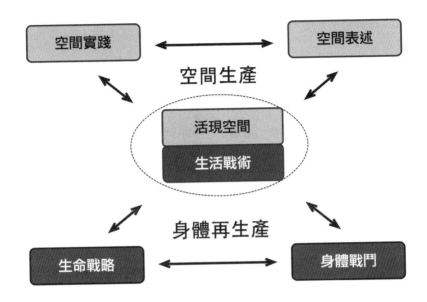

圖三：空間生產與身體再生產的日常生活地理學概念圖
（資料來源：吳鄭重，2010，《廚房之舞》。台北市：聯經，頁160）

分」的性別家務角色、「男造環境」的居家空間、「家庭工業革命」
的廚房科技，以及「飲食工業化」的煮食文化等傳統論述的不足，它
也是引領經驗研究的核心概念架構，包括書中第四章的〈「廚房劇
場」：分析架構與研究方法〉、第五章的〈公寓廚房的空間生產〉和
第六章的〈身體再生產的「生活廚房」〉。透過此一身體／空間的廚
房稜鏡，蜷縮在廚房裡默默奉獻的女性開始現身與發聲，隱藏在公寓
住宅裡的生活風險也逐漸現形。更重要的是，當讀者充分了解台灣當
代婦女如何深陷「家庭毒氣室」的曲折過程和艱困處境時，也吹起了
將婦女從「家庭毒氣室」的家務牢籠和生活徒刑中解救出來的行動號

角——台灣社會迫切需要的是能夠實踐「偉大家務革命」的空間改造計畫和重新協商家務與性別的「新生活運動」。

　　總言之，在文獻回顧的理論建構上，如果你能夠適當地涵蓋**理論觀點的具體陳述、重要名詞定義與技術內涵陳述、相關研究的搭橋造路與理論－經驗的「牽絲－結繭」、回頭關照問題意識的具體連結、研究假說與概念圖**等前述的五項內容，相信你已經足以在概念上對論文的問題意識提出相當程度的釐清或解釋（概念化）。而接下來的工作，就是設法將這些抽象的理論概念轉換成可以觀察分析的經驗對象（操作化），進入正式研究階段的第二項工作——研究設計與田野實作。

博士論文：以創新理論作為分析架構

　　對於博士論文而言，理論建構的工作可能比碩士論文來得複雜些。最主要的原因是博士論文必須提出自己的理論觀點，它不光是借用既有理論的「回顧文獻」就足以竟其功。也因為有不少博士論文沒有注意到這一點，所以讀起來很像「長篇」的碩士論文。英國研究所的學位在碩士（Master）和博士（Doctor of Philosophy, PhD）中間，還多了一個高級碩士或副博士（Master of Philosophy, MPhil）的級別，就是頒給研究相當深入，論文的規模也足夠，但是**欠缺理論原創性**的論文。有些英國的博士生奮鬥了好些年之後，無奈論文就是不夠到位，而且也難以藉由不同程度的修改達到口試委員認定的博論標準，導致口試未能順利通過。口試委員為了體恤研究生這些年來付出的心血，也同意論文有獲致一定程度的研究結果，雖然不足以獲頒博

士學位，卻也不至於完全當掉，這時候就會改頒 MPhil 作為安慰獎。不過，台灣的學制並沒有高級碩士／副博士的中間層級，加上台灣的學術圈又特別小，博士論文的口試過程免不了人情世故等各種因素，就會出現一些像是碩士論文「加長版」的博士論文，相當可惜。所以在此要特別提醒博士生——**理論原創性真的很重要**。沒有它，不論你的博士論文做得多麼仔細，口試時都會非常吃力。順帶要釐清的是，英國學制並沒有「博士候選人」的階段與頭銜。原因很簡單，英國的博士班並沒有「資格考」的設計，頂多是學籍上有 MPhil 學生（未通過系所考核程序的博士班低年級學生）和 PhD 學生（通過系所考核程序的博士班高年級學生）的區別，自然也就沒有通過資格考但尚未提交論文的「博士候選人」。有關論文口試的部分，本書的第八章還會詳細說明。

　　言歸正傳，那麼博士論文究竟該如何建構具有原創性的理論觀點呢？我的建議是將〈文獻評述〉拆解成「文獻回顧」和「理論建構」兩大部分。如果篇幅不長，它們可以合併成一章完整的〈文獻評述〉；若是字數很多，建議直接分成〈文獻回顧〉和〈理論建構〉兩章。第一部分和碩士論文的〈文獻評述〉相仿，旨在批判回顧既有的理論觀點如何回應論文所關心的研究課題。但二者不同的是，**碩士論文通常只要應用一兩個既有的理論架構**（頂多加以局部修正或利用一些應用型的文獻資料進行細部的概念修整），就可以直接對所關心的經驗課題進行概念性的分析；但是博士論文的〈文獻回顧〉必須批判回顧好幾個不同的理論架構，分別說明它們用來分析博士論文的研究題目各有哪些洞見和盲點。通常這樣的批判回顧，也順帶釐清了整個理論思潮的演進歷程，並透過既有理論的辯證批判，投射出不同

於以往的問題意識。換言之，博士論文不論在理論的廣度和深度上，都超越碩士論文許多，甚至連研究題目的問題意識，都具有碩士論文難以企及的洞見。因此，**博士論文**勢必大幅度地修改或整合既有的理論觀點，甚至**必須提出一個嶄新的理論視野**，才足以分析這個重新設定過的問題意識（這就是「問題設定」的原創性！）。

　　換言之，**碩士論文**的理論建構通常只涉及到**知識論**或**認識論**（epistemology）的層次，也就是相關的理論觀點如何成為理解所欲研究事物的知識途徑，但是未必對事物的本質加以質疑，因此只要從眾家學說中**選擇**一個適當的認識取徑（也就是理論觀點）即可，剩下的只是如何操作化的**方法論**（methodology）問題，也就是研究設計的部分。相反地，**博士論文**的深度和廣度都遠遠超過碩士論文的層次，特別是看待問題的基本立場。因此，它可能在問題意識的地方就已經涉及截然不同的**本體論**（ontology）觀點，也就是事物的本質性問題。這是既有理論無法完整分析的新課題，甚至成為截然不同的研究問題，因此博士論文可能需要自己**建構**一個新的理論觀點（從本體論到認識論的重新設定！）。問題是，科學知識的產生是結合古今中外無數人學術生產的積累過程，我們是站在先備知識所累積而成的學術巨人肩膀上，加上一點點個人聰明和運氣，才得以看到博士論文所提出來，具有不同本體論洞見的問題意識。所以，博士論文還是有必要在問題意識的大方向上，批判回顧過去不同本體論立場和認識論觀點的利弊得失，進而從文獻回顧的**辯證圖像**（dialectical image）中——也就是以過去的已知理論作為觀照當下現實及反思未來可能的**學術寶馬**（Bridge, Mirror and Window, BMW），進入文獻評述的第二部分——理論建構。

換言之，碩士論文的文獻評述只需要做到文獻回顧的概念化評述即可，但是博士論文還需要在這樣的基礎之上，進一步對研究課題和相關理論**重新概念化**（reconceptualization）。它或許是挪用一些既有的理論概念，加以延伸、轉換、或重組，賦予它們不同的概念內涵，進而形成一個新的理論架構。而這個新的理論架構，將肩負在概念上足以合理解釋整個問題意識的重責大任。從《廚房之舞》的例子可以看到，它試圖在既有空間生產的社會病理學宏觀脈絡當中，加入身體再生產的社會生理學微觀角度，進而建構出「活現空間（社會鑲嵌）／活歷身體（情境體現）」的日常生活地理學微宏觀點，用以填補過去單一理論觀點（宏觀結構或微觀行動）難以充分解釋的男造環境／女性家務課題。所以，自我檢核博士論文是否具有學術原創性的簡單方式，就是看看論文是否提出一個新的理論觀點來解釋（甚至重新看見）過去難以充分理解的研究課題。

從「歸納－演繹」的科學邏輯到「辯證轉繹」的創意邏輯

　　問題是，理論創發說得簡單，做起來卻未必容易。因此，本章最後想用一點篇幅來探討如何創發理論的小祕訣。讀者可能很迷惘，也很好奇，究竟該怎麼樣才能從抽象的理論縫隙和具體的行動皺摺中，意識到別人沒有注意到的經驗現象與研究課題，而且創發出嶄新的理論觀點呢？我自己在當研究生的時候也不甚明瞭，為什麼有些人就是想得出獨到的觀點，其他人就是做不到？是每個人的聰明才智有別

嗎？是用不用功的問題嗎？是有沒有熱誠的關係？還是研究訓練的差別？

我想這些因素都有關係。當我開始教書和指導論文之後，我才漸漸發現，這些科學創意的研究能力，是可以經由後天訓練加以培養的。特別是在國立台北師範學院（現在改制更名為國立台北教育大學）社教系教書期間，每年要指導十幾名大四畢業班的學士論文，讓我有機會近距離觀察和認真思索學術研究的思維模式；加上這些年來我自己從博士論文開始到後來的都市研究、日常生活研究和性別研究過程中，對於社會思潮和科學哲學的粗淺涉獵，尤其是紀登斯的結構化歷程理論和巴斯卡的批判實在論所揭櫫的複雜本體論主張，[15] 列斐伏爾在《空間的生產》和《日常生活批判》系列著作中所採取的辯證批判哲學，[16] 以及哈洛維（Donna Haraway）在其後的女性主義代表作〈賽博格宣言〉（The Cyborg Manifesto）中所展現的諷刺褻瀆（ironic blasphemy）修辭策略等等，[17] 都有助於揭開過去「只知其然，卻不知其所以然」的研究謎團。

簡言之，科學創意的關鍵在於歸納（induction）**和演繹**（deduction）**之間的反覆推演**（retroduction）**，以及在辯證批判**（dialectical

15　參閱 Bhaskar, Roy (1979). *The Possibility of Naturalism: A Philosophical Critique of the Contemporary Human Sciences.* Hemel Hempstead: Harvester Wheatsheaf; Giddens, Anthony (1984). *The Constitution of Society.* Cambridge: Polity Press.

16　參閱 Lefebvre, Henri (1991a). *Critique of Everyday Life, Volume I: Introduction,* translated by John Moore, with a preface by Michel Trebitsch. London: Verso; Lefebvre, Henri (1991b). *The Production of Space,* translated by Donald Micholson-Smith. Oxford: Blackwell; Lefebvre, Henri (2002). *Critique of Everyday Life, Volume II: Foundations for a Sociology of the Everyday,* translated by John Moore, with a preface by Michel Trebitsch. London: Verso.

17　參閱 Haraway, Donna J. (1991). *Simians, Cyborgs, and Women: The Reinvention of Nature.* London and New York: Routledge, pp. 149-181.

critique）**和創造轉繹**（creative transduction）**之間的跳躍思考。**前者是碩士論文系統性分析所需的**科學邏輯**（scientific reasoning），也是傳統實證科學訓練和**常態科學**（normal science）實作所強調的歸納－演繹思維；後者則是博士論文穿梭跳躍於不同本體論深度與認識論取徑所需的**創意邏輯**（creative reasoning），也是傳統實證科學訓練一直沒有明說究竟如何發生**典範轉移**（paradigm shift）的不傳之密。

　　歸納邏輯（inductive reasoning）是**生活常識**（common sense）的推理範疇。它是從特殊到普遍、從具體個案到抽象原則，以及由下而上的推理過程，關鍵在於尋找事物的「規律性」。例如：我看到一隻烏鴉是黑色的，看到二隻烏鴉是黑色的……看到 N 隻烏鴉是黑色的，所以歸納出「天下烏鴉一般黑」的道理。許多生活俚語和常民智慧，就是歸納邏輯的最佳範例。但是只有生活常識的歸納邏輯，只能在個人行動上展現機智伶巧的小聰明，或是經年累月集眾人之經驗，形成風土民情的先民智慧（當然也包括以訛傳訛的迷信傳說），尚不足以成就科學發現的學術大事。相反地，**科學知識**（scientific know-ledge）的**演繹邏輯**（deductive reasoning），則是在生活常識的歸納邏輯之外，進一步思索事物本身是否存在某些普遍原理或原則的可能性（也就是建立假說），再用更多的事實案例加以驗證，進而由上而下逐步建立理論的推理過程。現代的科學知識幾乎都是遵循這樣嚴謹步驟，逐漸建立的，這也就是第二章所說的，以假設演繹步驟建構知識的科學方法。

　　在此我再重複一次，科學演繹的基本步驟包括：（1）利用經驗歸納的方式將所關注的經驗現象提升到概念的層次，也就是意識到經驗現象「有問題」的**問題意識**；（2）利用已有的理論知識前後推敲，

設法在邏輯上合理解釋相關的機制環節，進而建立有如「準理論」般的**研究假說**；（3）從概念性的假說演繹出經驗預測的方法，也就是設法將假說的概念內涵**操作化**成可以用感官或儀器設備觀察、記錄的經驗對象；（4）再用具體的經驗資料**檢驗**假說命題是否成立或有效的分析討論過程；以及（5）綜合上述分析，進而宣稱假說命題是否得到驗證的**結論**。更重要的是，實證科學的驗證原則是相對保守的**否證法**（falsification），也就是在沒有充分證據足以推翻假說的情況下，暫時接受假說成立的間接驗證。換言之，科學方法的要訣就是在抽象原理和具體經驗之間，運用歸納法和演繹法推敲事物道理的**反覆推演**過程。

問題是，如果只是遵循科學方法的假設演繹步驟，並不保證足以建構新的理論學說，只能確定經驗現象和理論觀點之間的吻合性：因為歸納只是將事實轉換成法則，將獨特的變成普遍的，將偶然的歸結為必然的；反之，演繹則是將普遍的延伸到獨特的，將確定的轉換成啟發的，將必然的因果機制放到偶然的情境關係裡面。換言之，歸納和演繹只是描述既有社會現象的一體兩面，未必能夠觸發新的概念思維和具體行動。就算有，多半也是填補或修正既有理論與經驗現象之間的間隙。然而，這樣的科學研究還是有它的基本價值，這也是碩士論文希望培養的探究精神與論述能力——從「知其然」，到「知其所以然」的經驗／理論驗證。這也是孔恩所說的，在既有科學典範之下，逐漸臻於完備的**常態科學**。[18]

18　參閱 Kuhn, Thomas S. (1962). *The Structure of Scientific Revolutions.* Chicago: The University of Chicago Press.

至於博士論文所需要的理論創新，通常是位於常態科學邊界與**典範轉移**之間的危機／轉機地帶。問題是，人文社會科學的研究究竟該如何發現與開啟這個創發新知的知識蟲洞？我認為它隱藏在科學方法假設演繹步驟的細節裡——也就是從具體的經驗到抽象的理論，以及從過去、已知的理論觀點到未來、可能的理論觀點之間，跳躍轉換的**辯證轉繹**。所謂「魔鬼藏在細節裡」，創意科學的天使也同樣藏在經驗和理論的縫隙裡。而這個跳躍轉換的辯繹環節，正是博士論文和碩士論文之間的最大區別——它總是能看到一般人所看不到的，想到一般人所想不到的深層微妙關係。而且，這個理論創發的源頭，往往來自直覺性的好奇與懷疑，也就是對既有現象的批判提問，將其視為有問題的**存疑**（*epoche*）動作，產生所謂的「問題意識」，進而利用理論分析的正、反、合辯證批判過程去發明不同於傳統解釋的**策略性假說**（strategic hypothesis）。

　　策略性假說是一個虛擬的對象，它是從既有的條件和過程去想像新的或未知的可能性。策略性假說好比一種**社會學的轉導物質**（sociological transducer），是在研究過程中逐步開啟社會改造之門的重要關鍵。列斐伏爾將這種利用已知的現實去建構可能的概念知識，進而實現新的社會事實的研究過程稱為**轉繹**（transduction）。[19] 在生物學和基因工程上，transduction 的原意是轉導作用，意指某些特殊的病毒在侵染過程中，會將寄主細胞（生活環境）的基因特性整併到自己的基因裡面，造成病毒基因的突變；然後，在另一個侵染過程中，將

19　Lefebvre, Henri (2002). *Critique of Everyday Life, Volume II: Foundations for a Sociology of the Everyday*, translated by John Moore, with a preface by Michel Trebitsch. London: Verso, pp. 117-118.

新的病毒基因帶到別的寄主細胞裡，產生新的症狀。這種病毒的轉導作用後來被應用於基因工程，作為治療疾病和品種改良的方法之一。應用在科學研究上，轉繹代表著辯證批判所帶來從現實到可能、從現在到未來的跳躍性思考。它強調在正、反關係中「一兼二顧」和「生三成異」的曖昧性和可能性，這正是策略性假說為什麼能夠超越傳統科學方法只在歸納－演繹之間輪迴的封閉邏輯。我特別將這種奠基於三元辯證和基進批判的開放邏輯稱為**辯證轉繹**（dialectical transduction），或簡稱為**辯繹**，一方面強調辯證批判的轉繹邏輯在建構策略性假說上的重要性，另一方面則是強調論文研究的策略性假說在改變生活與改造社會上的基進特性。[20] 讀者只要回想一下吳爾芙在《自己的房間》用以分析兩性社經差異所提出的假想人物——莎士比亞的妹妹朱蒂斯，就能領略策略性假說的辯證轉繹，如何在論文研究的科學敘事當中扮演關鍵性的諷刺褻瀆角色。

其實，這種跳躍思考的創意邏輯早就存在於許多自然和社會科學的重大發現／發明當中，只是那些辯證轉繹的關鍵作用，常常被大量的實驗操作、機械化的邏輯推理和制式化的報告格式所掩蓋。讓我們這些不熟悉科學步驟的門外漢，誤以為這些偉大的發明或發現是科學方法的必然結果。但是當我們了解科學方法的假設演繹步驟之後，如果只是遵循這些步驟機械化地操作，不懂得諷刺褻瀆的批判之道，那麼又會誤以為這些科學洞見是學術「天才」的專利。換言之，博士訓練和博士論文的重點，就是讓研究生穿梭於經驗感知的**經驗層面**（the empirical/experience）、眼見為憑的**事實層面**（the actual/fact），以

20　吳鄭重（2010）。《廚房之舞：身體與空間的日常生活地理學考察》。台北市：聯經，頁185-187。

及深層因果機制的**真實層面**（the real/mechanism），三者之間的反覆推演過程中，懂得利用**辯證轉繹**的**跳躍性思維**產生**靈光乍現**（a flash of genius）的創意火花，進而炸開一個從已知通往可能的思想蟲洞。那麼，博士論文所需要的原創理論，也就悄然誕生了！

6

研究設計與田野實作

正式研究階段的第二大項工作，就是設法將理論分析的抽象概念重新轉化為具體的經驗問題，並選擇適合的研究對象與擬定適當的研究方法，以便正式進入田野，進行資料的搜集、整理，以及後續的分析工作。這個將理論概念操作化的研究步驟，對應的是論文裡面的〈研究設計〉（或是〈研究方法〉、〈研究策略〉），以及論文最重要的〈研究發現與分析討論〉等章節。讀者們或許會覺得奇怪，先期研究階段的「論文計畫書」中不是已經大致勾勒出論文的研究假說，並草擬好經驗研究的研究對象和研究方法，那麼為什麼在正式研究階段還要如此折騰，重新來過，不是直接展開田野工作就好了嗎？在此有必要加以釐清。

「研究設計」的腳本、場景、
彩排、演出與剪輯

嚴格來說，先期研究階段、正式研究階段和論文撰寫階段的區隔，只是一個粗略的劃分方式，分別代表初期探索構思（想）、中期實際操作（做）、後期分析記錄（寫）的階段性工作特性。實際上，

三者不論在時間歷程、工作內容和具體成果各方面，都有諸多重疊之處，需要經過多次調整和不斷改寫，才會看到論文的最終樣貌。甚至，從一進入研究所開始，所有的課程應該都和論文研究有所關連，只是你有沒有意識將它們統整在論文研的 3P 學習計畫（PBL/PSL/PjBL）當中，並納入不同階段論文草稿的檔案管理系統。而且，每一個研究生的論文進度和所遭遇的各種狀況（包括個人身心、家庭、學業狀況等），都不一樣。有的人先期研究工作進展順利，所以比其他人都早提出「論文計畫書」，很快就進入正式研究階段，但是後面的研究工作未必順遂，甚至花了很長的時間在改寫論文。相反地，有的研究生起步較慢，但是謀定而後動之後，後續的進展相當順利，反而比別人早完成論文。換言之，重點不在各階段的時間究竟該如何分配，或是同學之間的相互比較，而是在兼顧理想與現實的情況下，如何讓研究歷程各階段的付出與成果，能夠和論文撰寫所需的投入和產出，相互奧援。

　　那麼，先期研究階段「論文計畫書」中的研究設計，它和正式研究階段作為論文初稿的〈研究設計〉章節，究竟有何不同？二者又該如何銜接呢？

　　簡言之，「論文計畫書」中的研究設計，只是在大致確定研究方向和初步掌握理論觀點之後，**事前規劃**經驗分析部分所欲針對的研究對象，以及資料蒐集的田野工作**可能**採取的研究方法，所以它的敘寫語氣是**未來式**的文句。但是經過正式研究階段的理論耙梳之後，包括縝密的文獻回顧（碩士論文）和大膽的理論建構（博士論文），整個論文的研究假說（或是以理論概念呈現的問題意識）已經具體成形，並已在文獻評述的過程中，對問題意識進行理論概念的抽象分析。這

時候，整個研究問題的核心概念和技術概念可能都和原先設想的，有所出入。因此，接下來要實際展開的經驗分析，包括研究範疇的設定、研究對象的選取、經驗資料的搜集方法等等，也已經脫離「論文計畫書」的原先規劃，或是必須在細部程序上多加琢磨。這有一點像是繪畫最初的草稿打底與最終上色完稿之間的差別，或是都市計畫中的綱要計畫與細部計畫的關係。甚至在蒐集經驗資料的田野過程中，研究生也會遭遇各式各樣沒有設想到的困難，因而被迫採取各種因應策略。使得所欲搜集的經驗資料，或是整個研究範疇和研究對象，都會產生或大或小的變動。這些實際發生的田野過程和因應措施，包括小樣本的田野試作（pilot study）和改變研究設計的各種考量，[21]都有必要在論文（或是論文附錄）當中，詳細說明。因此，在正式研究階段作為論文初稿的〈研究設計〉章節，是在田野工作進行初期、當中和完成之後，將最終定案的研究設計、田野試作、田野日誌，以及包括研究區域、研究對象的具體描述等相關資料，以**過去式**或**現在完成式**的敘寫語氣，簡單扼要地加以描述、說明。

　　〈研究設計〉最重要的目的，是要讓讀者得以從這些紀錄當中去評斷後續的分析討論是否允當，進而判別整本論文的研究發現是否具有意義。有些研究生只在論文的〈緒論〉當中用一、兩段文字，三、五百字交代論文的研究方法是「深入訪談」、「發放問卷」或「個案研究」等，對於研究區域或研究對象也無明確交代（其實有不少是研

21　田野試作（pilot study），或稱為試探研究、先導研究，是指在正式研究之前，選擇部分區域或少數樣本（可以在研究的母體之內或之外進行，視研究主題和研究對象的特性而定），先行試作，以期找出研究方法與步驟的可能問題，或是藉此累積田野經驗，修正之後再進行大規模的正式田野實作。這樣得到的經驗資料品質會較好，研究結果也比較準確、可信。

究生自己的生活環境或親朋好友），讀者根本無從判斷這些經驗資料是否具有**代表性**或**特殊性**，會讓論文分析內容和研究發現的價值，大打折扣。有些論文則是直接把「論文計畫書」中初擬的研究設計，原封不動地搬到正式論文裡面，就會出現「計畫趕不上變化」、「牛頭不對馬嘴」的破綻（明明已經物換星移了，卻還說本計畫「準備」如何如何），反而讓自己在口試時，難以招架口試委員的各項質疑。所以我奉勸研究生，還是應該在正式研究階段期間多花一點心思，把「論文計畫書」的研究設計部分當成論文〈研究設計〉的腳本，再運用後設認知（metacognition）的「研究研究」立場，加入背景資料、田野試作、田野日誌和初步分析等場景、彩排、演出、剪輯等相關資料，甚至一些因時因地制宜的即興演出，修改成正式論文的〈研究設計〉初稿。

　　有了上述理解之後，接著我要說明，在正式研究階段的研究設計，究竟該做些什麼？它又該如何轉換成具體的文字，展現在論文的〈研究設計〉章節裡面？

「研究方法」需要好好「設計」的重要性

　　在先期研究階段確認了研究方向並釐清問題意識之後，又經過正式研究階段的文獻回顧和理論建構，這時研究生應該已經在概念上對於研究問題有相當程度的了解，只是還不確定這樣的「理論解釋」在真實世界裡是否真的站得住腳。所以，接下來要做的事情就是用文獻評述所批判辯證出來的理論視野（可能是整理既有理論觀點或是創發

新的理論概念，但二者關心的重點應該都是事物之間的必然關係或因果機制），將它轉換到可以觀察、記錄的經驗對象上，包括人體直接或借助儀器設備感知的客觀事實，以及意識主體感受認知的主觀經驗，進而得以重新檢視論文所關心的經驗課題。這個將普遍性理論概念的**研究假說**轉換成可觀察、記錄之具體經驗對象的**操作化**過程，就是研究設計的關鍵任務。正式論文的〈研究設計〉包含下列幾項具體內容：

1. 方法論（methodology）的整體說明

所謂的**方法論**，是指研究計畫將要如何進行的整體策略，特別是對所採用「研究方法」（research methods）的具體描述和合理解釋——包括經驗資料的屬性、蒐集途徑和分析方法等操作過程的規劃、執行與檢討。[22] 它就像醫師治病的案例分析，需要先對患者的病徵（經驗課題）進行病理診斷（理論分析），進而決定醫療的對策（研究設計），包括開刀、服藥及物理治療等（研究方法），並且記錄手術或投藥的過程和病人恢復的狀況（研究步驟），最後寫成病歷加以記錄（報告）。只是一般醫療實務的病歷相對簡略（規劃報告），醫療診治的教學案例或研究案例則必須相當詳細（學術報告），因為它是專業訓練或是學術交流的重要平台。同樣的道理，學位論文的研究設計部分關係到整個學術訓練的核心環節，研究生應該在指導教授的協助之下，設法將抽象的理論觀點和具體的經驗資料「兜攏」，用來解釋整個研究主題的問題意識，這就是方法論的必要性。只是在實務上，

22　可參閱 Howell, K. E. (2012). *An Introduction to the Philosophy of Methodology.* London: Sage.

一般論文的研究設計似乎鮮少對整個研究的方法論多加著墨，就直接羅列出所採用的研究方法和相關的進行步驟。相關的檢驗工作就變成論文口試時的重點項目，相對提高了論文失敗的風險，也不利日後讀者的閱讀、理解。因此，我強烈建議，論文的〈研究設計〉應該在一開始時就先重新確認整個論文研究的問題意識、理論觀點與概念架構，然後扼要說明研究**設計**的整體策略打算如何回應，這樣事情就很清楚。

2. 研究資料屬性與田野試作的交代

有了整體的方法論之後（應然的研究策略），接下來的工作就是實際選定特定的研究區域、研究對象，以及想好接近研究區域／對象以獲取經驗資料的方法，並且小規模地試作看看，以減少正式進行田野實作時的困難和誤差，讓後續的經驗分析更具說服力。由於不同學科領域和不同研究課題所涉及的研究對象和研究方法差異極大，例如：人口統計資料的量化分析和人類學的民族誌研究所獲得的資料內容就截然不同，因此有必要在學科領域的學術傳統之下，概略性地描述經驗資料的整體概況，以及研究設計過程中值得注意的重要事項。它就像量身訂製衣服時的尺碼套量與打版試穿，或是大規模生產前的排程試作，為的就是確保正式田野的順利進行。這樣的說明，也是讓論文的口試委員及其他讀者據以判定論文資料屬性與內容品質的重要線索。我曾經聽過一篇學士論文發表，它是利用個別訪談的方式來了解台北市民對於捷運設施的觀感。由於文中沒有具體說明經驗資料的屬性（例如受訪者的基本資料彙整）和訪談的抽樣與進行方式，經過追問才知道論文中所指的台北市民原來僅限於台北市的大學生，而且

全是國立台北師範學院的學生；又再追問後才發現國北師的學生只有國北師社教系的學生，而且全是住宿的同學。當然，碩、博士論文應該不至於發生這麼離譜的事情，否則後果不堪設想。所以，與其消極應戰，不如主動求戰！不必等口試委員追問，論文就應該清楚交代這些事情，讓讀者了解資料屬性與研究設計之間的關係。而簡單說明田野試作的過程及調整、修改的策略，正好顯現你在設計研究上的邏輯思維與相關考量。

3. 研究方法的描述與田野過程的記錄

　　一般而言，碩士論文的田野工作往往集中在一、二年級中間的暑假期間，博士研究的田野則可能落在二、三年級之間的某個區段，但實際情況可長可短，而田野研究的地點也或遠或近。因此，除了一般上課、演講用的筆記本之外，從先期研究階段開始，研究生最好另外準備一本《田野日誌》，專門記載從研究設計初期到田野實作期間的工作項目、內容、進度和每日發生的大小事情等等。等到田野工作完成之後，可以依據《田野日誌》的記載，精簡地摘錄出論文研究中所使用到的各種方法、實際的執行過程，其中所遭遇到的困難和解決方法等等。它絕對和「論文計畫書」中含糊籠統帶過的研究方法，截然不同，也才能讓口試委員相信，你真的有按部就班完成資料蒐集的田野工作。如果你做的是耗時較長的人類學研究，說不定《田野日誌》本身所包含的豐富內容，加上你當時與事後的反思與聯想，只要經過適當的增補修剪，甚至加入一些素描或插畫，就足以單獨出版，變成論文的副產品。

4.經驗資料的整理分析

　　對於單純大規模資料的量化分析或純粹小規模的質性研究而言，可能並不需要對經驗資料進行額外的單獨分析，因為它極可能是〈研究發現與分析討論〉一開頭的概述內容，甚至就是整個論文的研究重點。然而，對於一些併用不同研究方法的**綜合研究**（mixed method）而言──也就是結合量化的**廣泛研究**（extensive research）和質性的**深入研究**（intensive research），或是對於一些另有分析策略的論文而論，資料本身可能隱藏著與研究目的略有出入的豐富資訊。這時候，如果能在〈研究設計〉的最後，以及按照原本的概念架構對這些經驗資料進行實證分析之前，能夠將這些田野實作的經驗資料作個簡單的彙整說明，不僅有助於讀者充分了解經驗研究對象的整體概況，也有助於研究者看出原先的理論觀點所忽略的一些重要線索。特別是博士論文，不論就理論內涵或經驗資料而言，可能都比碩士論文複雜許多，有些關聯性不見得一眼就看得出來，它也不在原先理論觀

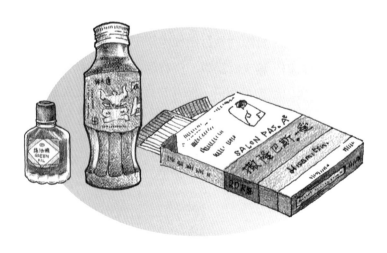

點的分析視野之內。這時候，若能將複雜的資料稍作整理，對研究者和讀者而言，都有助於在分析討論的階段，產生綜觀俯視的理解效果。即便只是碩士論文，研究生也應該將經驗資料進一步彙整再寫入論文當中，而不是將一堆**原始資料**（raw data）攤在論文裡。有些論文的田野工作雖然做得很紮實，後續的分析討論也很仔細，卻忘了在論文中將龐雜混亂的原始資料轉換成便於深入分析和整體理解的**情報資訊**（information）。三不五時就出現一段訪談的原始引文，甚至以**標楷體**呈現的區塊引文（block quotation），還多過分析討論的文字。這對親身經歷整個田野過程的研究生而言，可能不成問題，甚至還洋洋得意、自得其樂。但是對於不明就裡的讀者而言，可能造成整體脈絡不明，閱讀思緒不易連貫等困擾。不僅讀起來很吃力，甚至可能被龐雜的資料「鯁到」。就像切成細塊的**虱目魚**肉，裡面盡是一些細刺，卻看不到整條魚的形狀和魚刺的紋理，反而不易入口。這時候，如果能夠在正式分析討論之前，概括式地提供經驗資料的整理分析，就會產生有如魚骨拼圖的大致輪廓，絕對有助於後續的分析討論，包括作者的撰寫思考與讀者的閱讀理解。

將《田野日誌》改寫為正式論文〈研究設計〉實例

　　在舉例說明如何敘寫論文的〈研究設計〉之前，我要補充說明一下，將理論觀點轉換為經驗分析的操作化過程，究竟該稱為「研究設計」、「研究方法」、「研究步驟」，或是「研究策略」呢？它們之

間的確有一些小小的區別，例如**研究設計**比較著重理論觀點與經驗資料之間契合度的方法論關係，因此並非隨便選擇某種資料搜集的手段（研究方法）即可，而是需要針對理論觀點和研究對象特性加以調整的特殊設計。**研究方法**比較著重經驗分析的資料特性和取得之途徑，尤其近年來台灣的社會科學各領域在一片以「後現代」思潮為代表的學術典範轉移過程中，許多碩、博士論文通常會在量化分析和質性研究之間作一取捨，而且似乎有越來越多的社會科學論文採用質性研究的方法。在我實際審查論文的經驗中，常會看到一些論文直接表明該研究將採「質性研究」的方法，並提出「參與觀察」、「深入訪談」、「焦點團體訪談」或「個案研究」等具體的研究方法；而量化分析也多採用各式口頭或書面問卷的敘述或推論統計分析。這些論文多半也會在正文裡或附錄處附上問卷題目或是訪談題綱；然而，它們卻沒有說明問卷或訪談的問題是為了要回答什麼樣的概念問題，也沒有描述它們是如何產生的，好像這些研究方法都是現成的和理所當然的。另外有些論文會用**研究方法與步驟**來說明研究過程中是用什麼樣的方式和步驟來接近和選取研究對象（例如隨機抽樣、滾雪球、網路徵求、機構媒合等），讓讀者更清楚這些經驗資料可能具有的分析價值和推論限制。此外，在研討會中或私下場合，學者們也常用**研究策略**來指稱這些研究設計、研究方法和研究步驟所涉及的實質內涵。因此，我認為究竟該用「研究設計」、「研究方法」或「研究步驟」作為章節名稱，並非最重要的事情，因為這幾個部分都應該納入論文當中。反而是整個論文的經驗分析究竟是一個怎麼樣的研究取徑，或許可以用主標題／副標題的章節命名方式，讓它更清晰明確些。例如：〈研究方法：南投偏鄉教育現場的行動者研究〉。

接下來我再用《廚房之舞》為例，來說明〈研究設計〉的具體內涵。它的研究設計部分，是放在第四章。我將章節名稱訂為〈廚房劇場：分析架構和研究方法〉，用以顯示這個將理論概念操作化的研究設計，含納了兩大部分，並在章節開頭處先扼要陳述整個研究設計的基本架構：

> 　　第一部分是從抽象概念出發的分析架構，主要是將女性廚房家務的性別議題和日常生活地理學的理論觀點，重新整合成一個現代廚房生活的敘事模組，藉以展現從廚房空間生產到廚房生活再生產的結構化歷程關係。第二部分是從經驗資料著手的研究設計，主要是透過研究對象的選取和研究方法的安排，讓當代台灣婦女的廚房故事可以透過「擷取－翻轉」的敘事手法，清楚地呈現在讀者面前。希望透過理論演繹的操作化過程和經驗歸納的概念化過程，能夠映照出台灣婦女在戰後都市發展的歷史脈絡和資本主義社會的經濟結構之下，參差對照的廚房生活處境；更希望藉由一些實際的家庭案例，了解不同婦女在各種生命戰略、身體戰鬥和生活戰術的拉扯之下所體現出來的「生活廚房」。[23]

　　在上述前提之下，這一章的內容共分為三節：（一）分析架構：身體與空間的廚房劇場。它一方面是為了回應第三章〈「身體－空間」的日常生活地理學〉的理論觀點，另一方面也是為了替接下來五、六兩章的經驗分析，鋪陳架構，是方法論的具體呈現。因此，這一節的

23　吳鄭重（2010）。《廚房之舞：身體與空間的日常生活地理學考察》。台北市：聯經，頁196。

具體內容又細分為（1）公寓廚房生產的政治經濟學和（2）婦女廚房生活再生產的社會經濟學兩小節，作為「空間生產」和「身體再生產」的操作化內涵。（二）研究設計：台北市成功國宅的家戶訪談。這一節的目的則在說明研究區域的選擇理由、基地特性、先期研究的田野進入過程，以及正式田野的實作過程，包括進行步驟、遭遇困難和解決對策。因此，除了引言之外，它共分為（1）先期研究、（2）成功國宅社區概況、（3）正式田野：「三顧茅廬」的樣本選取模式等三個小節。至於整個田野工作所涉及的投石信、門口篩選問卷和正式訪談題綱的完整內容，則收錄在書後的附錄當中，讓有興趣的讀者可以進一步檢視。（三）成功國宅家戶居住與飲食概況。這是田野工作完成之後初步整理的資料歸納，希望讀者在細讀接下來的分析討論之前，能對整體的經驗資料有一概括性的理解，所以又分為（1）家庭型態與婦女工作狀況、（2）住宅現況、（3）三餐飲食／煮食習慣等三小節。

　　從《廚房之舞》的例子中可以看到，整個研究設計和田野實作的想法和實際操作內容，的確有必要扼要清楚地呈現出來，這樣讀者才能有效領略後續的分析討論。因此，我建議碩、博士論文的「研究設計／研究方法」部分，最好獨立成一個完整的章節，而不是在論文一開頭的〈緒論〉中，無緣無故地蹦出來，而且簡略到給人「欲蓋彌彰」的感覺。相反地，〈研究設計／研究方法〉作為論文的獨立章節，它的內容應該涵蓋：（1）方法論的整體說明；（2）研究資料屬性與田野試作；（3）研究方法和田野過程；以及（4）經驗資料的整理描述。有了這些佐證資料，大家才能夠有效檢驗研究發現的具體內容。至於田野實作的一些技術細節，例如問卷、訪談題綱等，則可放到論文最後的附錄當中，以免讓這些雖然相關但過於細瑣的內容，干

擾到論文的流暢度，反而不利於整本論文的研讀。

研究發現的初步分析

在正式研究階段的後期，也就是從田野實作收尾到正式撰寫論文之前的這段期間，除了撰寫〈研究設計〉的初稿之外，最重要的工作就是著手分析田野資料的初步成果。這裡所說的田野資料初步分析，和上述〈研究設計〉裡的經驗資料整理描述不同。這是為了撰寫〈研究發現與分析討論〉相關章節所準備的分析半成品，通常是與理論觀點的概念架構直接對應的經驗部分（也就是必然的關係機制）；後者則是對於經驗資料本身的整理與側寫，一方面是對於田野資料本身的整理與呈現，便於讀者掌握經驗資料的整體特性，另一方面則是為了從中捕捉概念架構未能關照到的重要線索（也就是重大的情境因素），讓研究發現的分析討論也能掌握到理論分析和研究設計沒有設想到的其他面向。必要時，也可以將這些額外的發現，納入研究發現的正式討論當中。研究成果的初步分析與經驗資料的整理歸納，二者雖然相關，卻不可混淆。

對於經驗老道的學者而言，田野資料的分析並非什麼難事，他們可能在進入田野之前，心裡早就有譜了。但是對於第一次撰寫論文的研究生而言，這可能會是困擾他們的一大難題。特別是採用扎根理論的研究生，在缺乏前導理論的情況下，面對攤在桌子上的一大堆訪談資料，極可能東拼西湊之後，依然毫無頭緒。我覺得人文社會科學論文的研究分析過程，和紀錄片的拍攝、剪輯，相當類似。雖然紀錄片

導演會有自己的敘事觀點和特殊的取景角度，但受訪者或拍攝對象並非聽命於導演的演員，所以能不能說出一個好故事，有時候還真的得靠一點運氣。例如顏蘭權、莊增益共同執導的《無米樂》裡面的昆濱伯和昆濱嫂，根本就是天生的演員，他們的一言一行充滿了戲劇的張力，所以導演無須刻意安排，也能產生非常有說服力的戲劇效果。[24]甚至是在他們自說自話的過程中，意外地帶出導演意想不到的故事情節。侯孝賢導演《戀戀風塵》電影最後，李天祿在地瓜園邊抽著菸對著孫子喃喃自語的畫面，導演與攝影師順勢將畫面帶到天空的場景，讓整部電影產生一種超越劇情之外的敘事張力，就是最好的例子。[25]另外，像是楊力州導演關懷失智老人的《被遺忘的時光》，原本在拍攝過程中並無具體的線索，但是拍著拍著，幾個同住在安養院的「主角」逐漸「跳出來」，所以後來以他們各自不同、忽隱忽現的生命故事，所交織而成的遺忘主軸，就形成一個非常有張力的敘事情節，其戲劇性絕對不下於刻意安排的劇情片。[26]

　　可惜的是，大部分碩、博士論文的經驗研究，恐怕就沒有這麼好的運氣，也沒有這些劇情片或記錄片導演在收放之間兜故事的敘事功力。這時候，研究者就需要自己想辦法，讓帶有理論觀點的經驗敘事，可以鞭辟入裡地娓娓道來。如果你不知道該如何有效組織理論觀點和經驗素材，讓它變成一個可以打動人心的研究論述，那麼讀者可以參考美國鬼才導演莫爾（Michael Moore）獲獎無數的紀錄片《科倫拜校園事件》（*Bowling for Columbine, 2002*），就會了解經驗分析

24　　顏蘭權、莊增益（2005）。《無米樂》，紀錄片，110 分鐘，台語。台灣：公共電視台。
25　　侯孝賢（1986）。《戀戀風塵》，劇情片，109 分鐘，華語／台語。台灣：中央電影公司。
26　　楊力州（2010）。《被遺忘的時光》，紀錄片，108 分鐘，華語。台灣：穀得電影。

的論述力道，可以多麼強大。他將美國校園青少年持槍掃射師生的恐怖事件，和美國的槍枝文化、種族衝突、貧窮問題、福利政策、媒體文化，甚至美國在世界各國的軍事干預等看似不相干卻緊密連結的諸多問題，透過一連串的訪談剪輯和與英國、德國、日本、加拿大等國在暴力搖滾、電玩、血腥歷史、槍枝數量、槍擊死亡等相關數據的交叉對比，扣連到美國社會自立國以來的深層恐懼和擁槍自重的暴力傳統。使得一些原本社會大眾深信不疑的學者專家論點，在他的批判論述當中變得荒誕不經。特別是莫爾透過一連串巧妙剪輯和精彩鋪陳的戲劇安排，將這些嚴肅無比的論述主軸和經驗資料，轉換成豐富有趣的探索過程，甚至在探索推理的過程中，達成讓連鎖大賣場停止販售子彈的社會行動目標，這些細節都是值得研究生學習的分析論述技巧。有興趣的研究生，不妨仔細分析《科倫拜校園事件》的「劇情」，看莫爾如何安排不同段落的論述重點，以及他在片頭一開始和結尾的地方，如何鋪陳與回應整個故事的主軸，甚至連紀錄片的名稱——*Bowling for Columbine*（相對的，中文譯名《科倫拜校園事件》就顯得平庸許多！），都極具諷刺批判的精神，值得細細品味和臨摹學習。

　　如果你沒看過莫爾的《科倫拜校園事件》，那麼在學位論文當中，究竟該怎麼樣才能夠將分散龐雜的經驗素材，兜攏成深入淺出的科學敘事呢？我自己在念研究所的時候，也不十分明瞭其中的奧妙。在念博士班時，我甚至整整花了將近一年的時間，才在指導教授的協助下，摸索出箇中道理。當時我在博士班第二年的暑假期間，就已經順利完成田野調查的工作。本以為只要再花一點時間把自己入學以來就陸續寫就的論文草稿整理出來，就可以在三年裡順利畢業（英國的

博士學位只要三年就可以畢業）。沒想到我在十一月初將經驗分析的初稿提交給指導教授過目時，他讀完之後覺得，就資料的內容分析而言，大體上還不錯，**但是**就是少了些什麼（研究生聽到指導教授說「但是」時，一定要做好心理準備，因為通常這意味著接下來有恐怖的事情要發生了！），建議我再試試看別的敘寫策略。於是我又花了兩個月的時間，仔細核對我的理論架構和家戶訪談的譯稿，整個重寫一次。指導教授看了之後，微微地點頭說：「嗯！好多了，但是整個敘事結構好像還可以再雕琢、強調（articulate）一下，讓它變得更有趣些。」所以，我又回去面對成堆的訪談紀錄和一次又一次加添上去的手寫筆記，試圖找出有用的連結線索，以便有效地回應理論觀點的概念架構，但又不能過於僵化。於是，就這樣子又來來回回改了兩次，最後終於兜出一個「虛構」的家庭成長故事，作為倫敦家戶分析的開頭，參差對照地帶出倫敦東區內城和西北郊區共四個田野地點，不同家庭在工作、居住、購物與交通等生活構面之間可大可小的動態時空安排，接著再按照概念架構的結構內涵，逐一分析各種不同家庭情境與時空特性在制度結構與日常生活間的協商關係。

　　總之，這個經過多次改寫的分析版本，終於得到指導教授點頭同意，可以正式進入論文撰寫（writing-up）的最後階段，可是一年的時間也就這樣子倏忽而過，我三年畢業的夢想正式破滅。進入論文撰寫階段，雖然進展還算順利，但是經過論文一稿、二稿的修改、潤飾，一稿平均每一章大約花費一個月的時間，二稿平均每章半個月的時間，我的論文共有八章，這樣子又過了一年多的時間。所以從博士班入學開始，前前後後我總共花了四年半的時間才完成論文，參加口試。口試相當順利，口試委員只要求細微的修正（minor revision），

所以口試通過之後我又花了近兩個月的時間小幅修改，順便請英文是
正宗母語的英國人修改英文，才在五年之內取得學位。現在回想，如
果當初我在理論建構、研究設計和田野工作各階段，都能夠稍微「宏
觀微控、瞻前顧後」地思索與規劃一下論文各章節之間的關係，那麼
我的經驗資料分析部分，一定能夠更迅速有效地達成，至少可以節省
半年以上的時間。但是，千金難買早知道！所以我也要奉勸研究生
們，在讀書、修課、寫報告、聽演講、參加研討會等等的過程中，一
定要抓住所有的機會，以後設認知的探究觀點，順便歸納不同作者的
論述之道。那麼，你的學位論文讀起來才會有文以載道的好味道！

　　直到多年之後讀到吳爾芙的《自己的房間》，我才深刻理解到
「小說比事實更貼近真實（Fiction here is likely to contain more truth
than fact）」的道理。[27] 而且，在看了《科倫拜校園事件》之後，我也
驚訝地發現這樣的敘寫架構，和莫爾電影一開頭的「典型的美國生
活」，頗為神似。類似的敘事手法也出現在 2002 年英國導演史戴爾
卓（Stephen Daldry）改編美國著名暢銷小說家康寧漢（Michael Cun-
ningham）1998 年獲得普立茲獎的同名小說電影《時時刻刻》（*The
Hours*）當中。劇中情節是以吳爾芙著名小說《戴洛維夫人》（*Mrs
Dalloway,* 1925）的故事架構為主幹，敘述 20 世紀 20 年代、50 年代
和 90 年代三個女性一天的生活。而那一個再普通不過的一天，也反
映出她們各自和同一時代婦女一生的縮影。所以，電影和小說裡多的
是可以挪用的敘事手法，千萬不要把學位論文的科學敘事，弄成單調
呆板的實驗報告。

27　Woolf, Virginai (2005/1929). *A Room of One's Own.* Orlando: Harcourt Books, p. 4.

　　為了提醒研究生避免重蹈我的覆轍，我認為有幾個重要線索在經驗分析時需要特別留意：理論觀點所匯聚而成的概念架構、經驗資料的整體特性，以及經驗資料內容的亮點發現；甚至可以在研究歷程的不同階段，就事先埋好科學敘事的「梗」（story lines）。

　　首先，我會建議研究生，應該結合理論觀點的概念架構和經驗資料的整體特性，建構出經驗分析的敘事架構。以戲劇表演來做比喻。前者就像預先寫好的「劇本」，是指導戲劇拍攝與製作的核心基礎；後者則是場景、演員等臨場條件。原則上，場景的選擇、安排和演員的挑選、演出，都是遵照劇本的需要。然而，有時候拍攝地點的現場條件或是演員班底的個人特質，可能和原先的劇本有所出入，而且差異大到難以遮掩或視而不見，這時候就必須回頭修改劇本，讓整個故事更有說服力。論文在理論觀點和經驗資料之間的關係，也是同樣的道理——它是「應然（必然）」與「實然（偶然）」之間的折衝、協商，也是線性邏輯和跳躍邏輯之間的反覆驗證。儘管在實證科學的研究歷程上和假設演繹法的論文格式中，理論觀點的抽象分析都是先於經驗資料的具體分析，但是研究者不能昧於再明顯不過的事實或是理論推理可能出錯的可能性，這也是為什麼我會主張應該將研究歷程區分為先期研究、正式研究和論文撰寫三個階段，同時也建議論文撰寫應該區分一稿（初稿）、二稿（口試稿）和三稿（定稿）三種版本，就是希望研究生能夠兼具條理邏輯與彈性開放的**半格子狀**（semi-lattice）思維，讓論文的論述過程更加縝密，也讓研究成果更具說服力。

　　其次，我要建議研究生利用經驗資料的整體特性和經驗資料內容的亮點發現，來細膩發展與逐步充實經驗分析的血肉肌理。一方面它必須時時回頭和理論觀點對話，不論是順應理論觀點的經驗展示，或

是詰問理論觀點的對照反例；另一方面，它也必須以一種自我觀照的反身敘事，拉出某種稍微不同於概念架構的敘事模組，形成反覆、變奏、對比等唱和、共鳴的應答效果。這項工作對於人文及社會科學的論文而言，的確是比較困難的事情。因為它必須在實事求是的科學基礎上，增添一些文以載道的敘事文采。可是，它又不是添油加醋的「作文」虛構，而是如何有效呈現事物的敘事手法。

　　因此，如何有效掌握科學敘事的修辭策略，的確是一件令人頭痛的事情。少了這一點「微量元素」，你的論文會顯得呆板、匠氣；賣弄太多文字遊戲，又會變得唐突、可笑，甚至讓論文失焦。我苦思多年，一直找不出明確的答案。因為這還涉及寫作技法和個人風格的問題，很難具體說明。話雖如此，我們還是可以透過模仿學習的過程，歸納出一些簡單的原則。在下一章中，我將提供一個**五四**三二一的論述訣竅，供研究生們參考。

・ 論文撰寫階段 ・

7

論文拼圖

論文撰寫階段工作重點：

1. 論文一稿全文（包括：第一章〈緒論〉初稿、第二章〈文獻評述〉一稿、第三章〈研究設計〉一稿、第四章〈研究發現與分析討論〉一稿、第五章〈結論〉初稿，以及〈參考文獻〉、〈附錄〉等論文後置部分）

2. 論文二稿（口試稿）全文（包括：論文各章及〈參考文獻〉、〈附錄〉二稿，並加入摘要、關鍵詞、封面、書名頁、目錄、圖目錄、表目錄等論文前置部分）

3. 論文口試

4. 論文修改及三稿（定稿）繳交

論文撰寫階段的關鍵產出：論文口試稿、口試簡報 PPT、論文定稿

當經驗資料的分析初稿完成之後，就進入學位論文的撰寫階段（writing-up stage）。這個階段的工作相對簡單，只有兩件事情要做。第一就是從頭到尾把論文內容的每一字、每一句、每一節、每一章和每一個圖表，按部就班、扎扎實實地寫出來，最後再加上目錄、摘

要、關鍵詞和封面，然後再從頭到尾好好修改、潤校一次，就可以提交口試。第二就是稍稍喘一口氣之後，好好準備口試。然而，如果你的先期研究階段準備得太過草率，正式研究階段做得不夠扎實，那麼，要把沒想清楚、沒做確實的研究內容謄寫出來，就有可能演變成一場東拼西湊、左支右絀的龐大工程，甚至變成論文難產的夢魘。對於沒有隨手記錄和持續寫作習慣的人而言，要在短期之內生出數萬字到十幾萬字的高品質論文，更是艱鉅的挑戰。

靜心閉關的最後衝刺

其實，研究所能撐到了論文撰寫的最後關口，已屬不易。總之，到了這個階段，不管你先前的狀況如何，是踏實順利也好，是跌跌撞撞也罷，也只有收心、閉關一途。以兩年的碩士班而言，論文撰寫階段通常會在碩二上學期結束前後的寒假期間，密集展開。就四年的博士班而論，最好是從博士班三年級的寒假開始，最晚不要晚過博三升博四的暑假期間，否則可能會影響到論文的最終品質，要不就是得延長修業年限。這樣的時程規劃，除了研究所階段時間分配的合理考量之外，最重要的原因是寒暑假期間不用上課，雜務較少，時間完整，最適合以此作為閉關寫作的開始。每天的生活作息和寫作進度一旦進入狀況和步上軌道之後，只要持之以恆，就一定能夠日竟有功、完成論文。順帶提醒，如果你是「外務繁忙」的兼職生，那麼在經濟條件和其他現實環境允許的情況下，最好能夠申請留職停薪至少半年、一年，專心於論文寫作。如果你是已婚女性，也一定要「教育」子女和

先生，特別是後者，務必多多體諒，以及做好後勤支援的各項事務。否則，在論文最需要專心致志的閉關撰寫階段，因為業務沉重、家務繁忙或心思不定而功虧一簣，實在令人惋惜。

　　雖說論文撰寫階段的工作內容相對單純，但是從零零碎碎的初步想法，歷經片片段段的筆記草稿、論文初稿，到各章各節內容完整和所有圖表、文獻、附錄齊備的一稿，再到經過初步修改、校對、潤飾，可以提交口試的二稿，這中間還是有許多工作需要一點一滴努力

和按部就班完成。本章試圖簡單歸納論文撰寫的閉關階段需要完成的工作項目和有效的進行步驟，下一章再仔細說明論文口試和後續修改的注意事項。但是在這之前，我想先跳出來談一下論文寫作的一些基本訣竅。

「五四三二一」的科學敘事原則
與論文寫作技巧

學術論文畢竟不是文學創作，如果硬是要求研究者必須像小說家那樣文情並茂地寫作，實在是強人所難，甚至本末倒置。而且，對於學術論文而言，「文過於質」也未必是好事，反而有可能因此遮蔽或是扭曲科學發現的重大事實。不過，我們也必須了解，對於人文及社會科學的研究而言，光是經驗資料本身，並不足以說服人，而是需要適當的理論視野和概念架構，將其換成有意義的資訊和合理的解釋，如此才能成為以理服人的思想學說。因此，一篇好的論文必須充分展現「文以載道」的科學敘事精神，以及「動之以情、說之以理」的學術寫作原則。在缺乏正式學術寫作規範與訓練的情況下，我只能從過去閱讀、寫作和評論學術著作及論文的經驗中，歸納出一些科學敘事／論文寫作的經驗法則，拿出來和讀者們分享。

其實，有心的學者和研究生，只要在閱讀和寫作的過程中，多加留意和揣摩，絕對可以摸索出自己獨到的論文寫作技巧，這也是莫可奈何的事情。因此，我要再次提醒研究生們，在閱讀文獻時，除了從中吸取理論的養分之外，別忘了順便學習這些學術大咖**如何論述**的門

道技巧。尤其是在閱讀經典著作時，你會看到他們從一開始破題、設定問題，再從批判回顧別人的理論觀點到建構自己的理論架構，最後成一家之言，在在都展現出嚴謹的邏輯推理過程與巧妙的敘事技巧。換言之，研究生也不用特地去上什麼學術寫作的課程，就算真有這樣的課程，還不如去問指導教授，在你們的學科領域和你關心的研究課題上，究竟有哪些重要的理論思潮與必讀的經典文獻？你只要對這些重要典籍的敘寫風格和論述技巧，認真地加以拆解分析和試著臨摹仿效，事情就有了眉目。就算指導教授沒有幫你開書單，各個領域大概都有思想史或相關思潮的導論課程和讀本，裡面一定會提到在學科領域的進展過程中，有哪些重大的課題、主要的學派和著名的學者及其學說。這些學說在不同時代與社會裡辯證發展的遞嬗過程中，有如浪潮般地一波接著一波引領著理論與實務的發展。

例如在人文地理學領域中，包括詹士頓（R. J. Johnston）的《哲學與人文地理學》（*Philosophy and Human Geography*）、詹士頓與賽德魏（J. D. Sidaway）合著的《地理學與地理學者》（*Geography and Geographers*）、克洛克等人（Paul Cloke, Chris Philo and David Sadler）合寫的《人文地理學研究》（*Approaching Human Geography*），以及皮特（Richard Peet）的《現代地理思想》（*Modern Geographical Thought*）等書，都有詳盡的介紹。其中詹士頓與賽德魏合著的《地理學與地理學者》，自 1979 年出版至今，已修改增訂至第六版（2004），跨越四分之一個世紀，至今仍深受好評。書中對於二次戰後英美人文地理學的發展及主要的學派有相當詳盡的介紹，是研讀地理思想必讀的教科書，也是了解當代英美人文地理學發展最佳的入門途徑。由克洛克等人共同撰寫的《人文地理學研究》（1991），

主要是從理論觀點和研究取徑的角度切入，除了探討 1960 年代之後
人文地理學主要的理論發展脈絡和重大的研究課題之外，在論及重要
的理論概念或是具有代表性的經典著作時，本書還會另闢專欄，加以
說明，是了解不同地理研究取徑的最佳管道。至於批判地理學者皮特
所寫的《現代地理思想》（1998），在 2005 年時已有中文譯本問世（王
志弘等譯）。其基本架構和《地理學與地理學者》類似，但是更著重
從哲學基礎和社會理論的角度切入，探討人文地理學的各個流派。書
中也節錄一些有代表性的經典著作，用來說明各家學說的觀點，這對
研究生深入了解不同學派之間的取徑差異，有很大的幫助。此外，由
霍伯德等人（Phil Hubbard, Rob Kitchin, and Gill Valentine）合編的
《空間與地方的關鍵思想家》（*Key Thinkers on Space and Place,* 2004）
，是以人物側寫作為編寫的主軸，編者挑選了五十二位對於「空間」
和「地方」這兩個概念有關鍵影響力的思想家，然後邀請對這些思想
大家及其作品相當熟悉的學者撰寫其生平事蹟、理論貢獻、學術批判
和羅列其重要著作等等。這五十二名有關空間和地方的關鍵思想家有
一半並非傳統定義的地理學家，而是來自哲學、歷史、社會學、人類
學、生物學等其他學科領域；但是他們對於空間和地方的理論貢獻，
絕對不亞於傳統的地理學者。這對打破學科本位的知識框架，重新思
考空間理論和人文地理學的可能性，有非常大的參考價值。

　　除了專門介紹地理思想的專書之外，知名期刊《人文地理學進
展》（*Progress in Human Geography*）也從 1991 年起開始定期刊載
〈人文地理學經典回顧〉（Classics in Human Geography Revisited）單
元。由瑞德里（Neil Wrigley）與博德曼（Andrew Bodman）兩位資深
的地理學者挑選 SSCI 資料庫中被引用次數最多的人文地理學經典，

每期選定一本書或一篇文章。再邀請兩位知名的學者撰寫專文，評介其對地理學的重大貢獻與影響，並由原作者提出回應。至今已經評介了三十多本人文地理學的經典著作。在網路資源方面，由美國國家科學基金會（National Science Foundation）資助設立，以促進地理新知資訊和推動以空間為核心的社會科學跨學科整合研究為宗旨的美國空間整合社會科學中心（Center for Spatially Integrated Social Science, CSISS），設置了〈CSISS 經典：1980 年代前的空間創新者及其創新〉（CSISS Classics: Spatial Innovators and Innovations before 1980）的空間經典資料庫，蒐羅許多 1980 年代以前社會科學各領域對於空間思想有重大創見的經典著作。雖然資料庫中的空間經典有不少是 20 世紀初期的作品，但是對於當代空間經典的考掘，提供了相當寶貴的資訊。此外，對於都市研究有興趣的研究生，也可以參考勒蓋茲與史陶特（Richard T. LeGates and Frederic Stout）編撰的《都市讀本》（*The City Reader*），布瑞吉與華特生（Gary Bridge and Sophie Watson）編輯的《布列克威爾都市讀本》（*The Blackwell City Reader*）和邁爾斯等人（Malcolm Miles, Tim Hall and Iain Borden）編輯的《都市文化讀本》（*The City Cultures Reader*）等書。這些讀本裡面搜羅了許多和都市研究有關的經典著作或期刊論文，值得研究生們仔細琢磨。

　　換言之，只要研究生們有心，在各個研究領域都不怕找不到值得參考、仿效的學術經典。比較可惜的是，大多數的師生只是照單全收地研讀和引述教科書上摘錄的學說重點，並沒有太多人真的回頭拾起那些歷久彌新的學術原典，進行**徹底研究**，自然也就不易學到學術寫作的原創門道。因此，有了這些學術經典的核心書單，加上自己在先

期文獻蒐集與正式文獻評述過程中所接觸到，好、壞都有的文獻資料，研究生接下來要做的事情，就是運用我在第五章中所說的 CNN/BUS 圖像式閱讀策略和 TAKSI 筆記技巧，確實釐清「who's who and what's what; how and why; and so what」的文獻重點。熟能生巧之後，也就能夠掌握不同學者及其論文的論述技巧。你只要再追問，究竟有哪些學者的著作讓你特別感動或深受啟發？書中或文章中有哪些值得引述的重要文句？他們是如何鋪陳出自己的論述脈絡？如果你能夠回答這些問題，我相信你已經大致梳理出自己的學術取徑，而且也在這個自我摸索的研究過程中，逐步建構出自己的寫作（論述）風格。

就我自己寫作、指導與口試論文的經驗，我認為研究生如果充分經歷過研讀學術經典的洗禮，再加上適當掌握**五四**三二一的科學敘事手法／論文寫作技巧，那麼應該就已經具備學位論文寫作該有的基本能力。

1. **五字訣**。「五」代表通用於自然科學和社會科學的假設演繹法**五段式論法**。它包含緒論、文獻評述、研究設計、發現與討論分析、結論等對應於科學方法五大步驟的核心元素。五段式論法之於學位論文，就像是交響曲多採用四樂章，協奏曲多半是三樂章的基本形式。除非有特殊理由，否則一般論文應該盡可能遵循假設演繹法的五段式格式。

2. **四字訣**。「四」代表**歸納**（induction）、**演繹**（deduction）、**轉繹**（transduction）和**反覆推演**（retroduction）等四種研究批判的科學邏輯／創意邏輯，以及各章節之間**起、承、轉、合**的四段式論述

條理。當論文有了假設演繹法的五段式基本架構之後，在每個章節之間，還要充分運用歸納、演繹、辯證轉繹和反覆推演的科學邏輯與創意邏輯，以及中文寫作特別強調的起、承、轉、合技巧，從頭到尾細膩地批判整理與鋪陳耙梳整個論文的論述文思。這些科學創意邏輯和寫作技巧就像音樂創作的基本樂理，能讓一首曲子在各個樂章與樂句之間，產生合乎音律節奏與和聲共鳴的聲響美學。換言之，論文的敘寫，也就是研究的相關**論述**，必須合乎邏輯和展現條理，這樣才能夠彰顯科學研究講求的**道理**。

3. **三字訣**。「三」代表亞里斯多德三**段式論法**（Aristotelian syllogism）和黑格爾／馬克思慣用的**正、反、合辯證法**（dialectics）。第一種三段式論法，或是所謂的亞里斯多德語法論證邏輯，包括（1）大前提的主題陳述（普遍原理）（general statement），（2）由具體案例或理由細節所構成的特殊陳述（supporting propositions），以及（3）連結上述二者的合理結論（conclusion）。它會讓你的論述展現出經驗歸納的邏輯性和層次感，而非毫無道理或事實根據的主觀認知或個人感覺，因此也比較經得起檢驗，進而說服別人。第二種三段式論法，或是所謂的辯證法，是由正論（thesis）、反論（anti-thesis）、合論（synthesis）交織而成的批判張力，構成一種動態螺旋的論述方式。其目的在於利用反論有效地破壞不完備的既有理論（正論），進而提出一個更周延、宏觀的理論視野（合論），來涵蓋正、反觀點之間的衝突矛盾，使相關知識得以向上提升。辯證法的訣竅在於「吐槽」和「找碴」的批判功夫，只要有一個例外或邏輯缺陷就足以讓整個正論破功。至於整合正、反觀點的合論祕訣，就在於化二分干戈（the dualism of either/or）為雙元玉帛（the duality of both and also）

的宏觀視野，它經常隱藏在移動位置的理論縫隙和行動皺摺當中。若能在論文的文獻評述章節中，合併使用亞里斯多德三段式論法和正反合辯證法——也就是用三段式論法分別呈現（三段式）正論、（三段式）反論和（三段式）合論，那麼理論觀點的論述耙梳就會條理分明、頭頭是道，而且充分展現出不同觀點之間相互攻防和螺旋攀升的動態張力，讓論文更具批判分析的論述氣勢。

4. 二字訣。「二」代表二分法（dichotomy/dualism）和雙元性（duality）。科學始於分類，一刀兩段的二分法正是一種看似簡單，卻無往不利的科學利器。它能夠讓我們對世界的了解，從渾沌複雜的蒙昧狀態，得到初步的釐清效果。電子的正／負兩極，化學的有機／無機，地球的南／北二分，文化的東／西對立，一路到核心／邊陲、唯心／唯物、身／心、男／女、內／外、上／下、新／舊、左／右，甚至台灣的藍／綠、外來／本土等等，都充分展現出二分法看似膚淺，實則深刻的科學特性。甚至它過於簡單的二分靜態觀點，也潛藏著雙元性的動態過程與多重視野。科學研究的本質和論文寫作的訣竅就是先讓複雜的事情變簡單，接著讓簡單的事情變得有深度，最後再讓有深度的事情變得有趣。而這一切可能都可以從二分法的簡單動作下手。因此，當你千頭萬緒找不出問題的癥結時，不妨先用屬於科學馬步功夫的二分法「剖析」一下，相信你很快就可以找到讓複雜事情變簡單的有用線索。接下來只要再將這些看似簡單的二分線索和進階的雙元關係，運用三、四、五的論述技巧與科學創意邏輯，重新組合成具有事理深度的科學敘事，那麼它就會變成一篇饒富趣味的學術論文。

5. 一字訣。最後，「一」代表「強而有力的一點」（a powerful

point）。它不是指附檔名稱為 ppt 的簡報軟體 PowerPoint，而是強調我們應該設法讓論文裡的每一句話、每個段落、每個章節，甚至整本論文，都要有**一個明確的論點**（to make a point）。這個一字訣在安排論文大綱和修改論文時，非常有用。它能讓論文讀起來條理分明、鏗鏘有力。如果你能善用**五四三二一**的科學敘事手法／論文寫作技巧，我相信你的論文絕對會變得非常好讀、易懂。不信的話，你可以隨手找一些碩博士論文來分析看看，看它們是不是具備了「五四三二一」的特性？看多了，慢慢地也就能夠區辨出論文的好壞之別。最後再拿這些好的論文範例，用你自己的研究題目和文獻、資料，試著揣摩、套用看看。就算你的作文能力再差，我相信，這時候你應該也能夠寫出不錯的學術論文了！

從 1.0 版的論文拼圖到 2.0 版的論文二稿

如果你接受本書的知識宮籟基本命題以及學術沙漏的方法序說，遵循我所建議的三階段研究歷程和假設演繹法五段式論文格式，那麼在進入論文的最後撰寫階段時，你手邊應該已經具備**論文拼圖**所需的所有素材，包括：（1）先期研究階段的「論文計畫書」，（2）正式研究階段的〈文獻評述〉初稿、〈研究設計〉初稿，以及〈研究發現與分析討論〉初稿。接下來要做的事情，就是運用上述「五四三二一」的論文寫作技巧，把手邊的論文手稿依序改寫成正式論文的〈緒論〉、〈文獻評述〉、〈研究設計〉、〈研究發現與分析討論〉等章節的一稿，最後再加上〈結論〉和論文後置部分的〈參考文獻〉和〈附

錄〉，就完成了論文的一稿（論文 1.0 版）。這時候你可以稍微喘口氣，休息幾天，順便思考一下這時候到口試之間，你還有多少時間和力氣，以便決定要再花一點時間進行論文二稿（2.0 論文口試版）的修訂潤校，還是要直接趕鴨子上架，以論文初稿提交口試？說實在的，論文進展到這個階段，已屬不易。它接近大功告成，只剩下論文口試的一步之遙。甚至你早已精疲力竭，脫了一層皮。一般人多半會想要趕快將論文提交出去，準備口試，以便儘早脫離苦海。不過，考量到學位論文的長遠效果和研究生個人的身心狀態與現實情況，我會建議研究生先靜下心來，好好思考一下，究竟要再修一次，還是直接提交出去？

如果時間允許，而且你還有足夠的精神和力氣，那麼我會**強烈建議**，最好多花一點時間（大約是寫完一稿所需時間的三分之一），從頭到尾把論文好好地修整一次，再加上論文封面、書名頁、摘要、關鍵詞、目錄（含表目錄、圖目錄）等論文的前置部分（至於學位考試委員審定書、碩博士論文電子檔案上網授權書、謝誌等部分，等論文口試通過修改完後，正式繳交論文時再補上），那麼，作為口試稿的論文二稿就大功告成。相信我，從一稿到二稿的「額外付出」，絕對值得！原因是，由於你剛剛完成整本論文的一稿，所以你對論文的整體結構和各章節段落的內容細節，都還記憶猶新。這時候只要再多花一點力氣，將論文從頭到尾逐章逐句地快速修改、潤校一次，就會大大提高論文的整體品質，包括各章節之間的連貫性、段落之間的邏輯

性、遣詞用句和引文格式的細節，還有論文的整體架構、編排格式、文獻、附錄的完整性與細緻度等等，都會大幅提升。同時，經過這一輪精雕細琢的功夫，你對於論文的整體掌握度，也會進階升級，甚至脫胎換骨。最後，只要再加上論文前置部分和格式編排、裝訂等文書工作，整本論文就順利完成。也就是說，如果你已經花了三個月寫出碩士論文的一稿，不妨再多用三個禮拜到一個月的時間，把論文品質提升到 2.0 版本的更高境界（博士論文所需的時間，原則上加倍）。

特別是博士論文，這個版本升級的投資，尤其划算。畢竟博士論文是大多數研究生生平第一個重要的學術著作，也是奠定未來生涯發展的重大里程碑。它會擺在圖書館裡一輩子，對你未來可能產生的影響，遠超乎你現在的想像！特別是對於國內畢業的「本土博士」而言，大學教職競爭激烈、一位難求，學術的道路可能備極艱辛。所以博士論文的好壞，絕對關係重大。它不僅是你進入學術圈的敲門磚，更是你未來在網路世代被人「起底」或是「肉搜」的關鍵證物之一。如果你不想在飛黃騰達之後，還要想盡辦法掩藏你的博士論文，最好的策略就是在未完成之前，想辦法讓它盡可能地臻於完美。其中成本效益最高的做法就是在寫完初稿的關鍵時刻，多花一點點時間，大約只要整個初稿階段三分之一，也就是兩、三個月（博士論文）的時間，就能讓論文脫胎換骨，大幅提升論文的整體品質到「追求完美，近乎苛求」的頂尖境界，我覺得這是最划算不過的投資了。如果你寫的是碩士論文，或是你的博士論文實在已經拖得太久了，不趕快完成真的會把你逼瘋，那麼，在迫不得已的情況下，你才直接進入「收尾」（finish off）的完稿階段，把正文（text）以外的前置部分（preliminary matter, or prelims）和後置部分（end matter）補齊，順便編排正文的

格式，完成論文的口試本。

此外，我也建議研究生在論文撰寫期間，每寫好一章就把文稿列印出來，包括先期研究階段的「論文計畫書」和正式研究階段期間所寫的論文各章初稿，也都應該這麼做。千萬不要為了省錢或環保而省略文稿列印的步驟，否則後果可能不堪設想。一方面是因為在論文的電子檔案之外，多一份紙本存檔，就多一份保障。以免好不容易寫出來的論文，因為電腦中毒、硬碟損毀或是筆記型電腦遺失，付之一炬。另一方面，紙本也有助於研究生不受時間、地點的限制，隨時可以重新閱讀和修改論文內容（這對擬定章節大綱和調整論述架構的論文章節部署，而不是逐句逐字的文辭修改，特別有效！），甚至可以舒解一下整天盯著電腦螢幕的眼睛疲勞。等架構性的調整和初步的修改弄好之後，再回電腦檔案裡快速地修改（這樣其實是經過粗改和細修兩回合的修改程序），讓論文的修訂潤校，能夠更有效率地進行。最重要的是，隨著論文紙本文稿的逐漸累積，越疊越厚，它會讓你的論文撰寫進度和成果，有具體的視覺和觸覺效果。不論是看在眼裡或拿在手裡，都有安定神經和激勵士氣的雙重效果。

論文結論的敘寫方式

當你正式閉關，每天規律地工作，把論文從第一章〈緒論〉開始，一路改寫下來，改寫完第四部分〈研究發現與分析討論〉之後（因論文主題與內容差異，章節數目未必一定是五章，尤其是博士論文，但假設演繹法的五段式格式依舊適用），你論文研究的任督二脈，應

該已經打通了。你不僅充分掌握了各章各節的細部內容，同時也對整個論文的來龍去脈，在腦海中建立了清楚的圖像。這時候，就可以順勢撰寫論文的〈結論〉章節。

〈結論〉究竟該怎麼寫呢？它只要把論文重新彙整一次即可，還是需要加上其他元素，例如政策建議、研究限制、後續研究等等？過去有許多碩、博士論文的最後一章，經常以〈結論與建議〉作為章節名稱，也不管論文的主題是不是特定領域的政策研究，都免不了加入一段「政策建議」的橋段，以凸顯論文的學術貢獻或社會價值。這樣的寫作思維或許是受到「學而優則仕」的傳統士大夫觀念影響，希望自己辛苦研究出來的成果能夠為執政當局所青睞。但平心而論，學位論文只是研究訓練的習作，它往往只針對問題的某一個層面深入探討，難以兼顧必然關係和偶然情境的所有變數，甚至連資料數據都是隨機或方便取樣的有限樣本，特別是碩士論文，更是如此。這樣的研究結論，若要直接應用在具體政策上，必然會產生更多的問題，恐怕沒有一個政府機關敢如此草率，認真參考碩、博士論文的政策建議。相反地，也有一些論文的〈結論〉章節精簡到不行，只有一兩頁的篇幅，潦草地說些論文到此告一段落的廢話，給人一種虎頭蛇尾的不良印象。

因此，我建議研究生在論文的最後階段，還是應該回歸到研究歷程與論文寫作的基本架構，以進出研究歷程的學術沙漏和回應問題意識的經驗－理論對話，**跳出來**總結這整個研究歷程的學術發現。此處所說的「跳出來」具有兩層意義。第一層意義是跳出學術沙漏的研究歷程，以**過來人**的事後角度來分析整個論文研究的過程和成果；第二層意義是跳出論文作者的當事人身分，以**旁觀者**的反身立場來檢驗研

究發現所代表的意義及可能產生的問題。

　　具體而言，論文的〈結論〉可以包含兩大部分：第一部分是用「過來人」立場加「旁觀者」角度所歸納整理，足以進出整個論文的重點回顧。它的敘寫訣竅在於盡可能用不同於前幾章論文內容的語氣和詞彙，提綱挈領地重新描述從問題意識開始，歷經理論觀點的概念分析、研究假說的操作化設計，一直到經驗分析的理論回應，整個研究論文的重大發現及其學術意涵與社會意義。也就是說，論文的結論是要用**相對客觀**的敘寫角度來彙整和總結論文研究的具體貢獻。你可以善用本書先前提到的 CNN/BUS 閱讀策略與 TAKSI 筆記技巧，將整本論文的重點萃取出來，以書摘的面貌重新呈現給讀者。這時候，如果研究發現真的具有重大的社會價值或政策啟發，或許可以插入「政策啟發」（或是「研究發現與政策啟發」）的標題，作為獨立的小節。否則，最好還是「就事論事」，回到論文一開始的研究動機和研究目的，盡可能說清楚你的研究發現，在概念釐清和經驗資料上，究竟如何回應這些最初的提問？

　　第二部分則是延續「過來人」的角度和「旁觀者」的立場，明確地指出論文的研究限制和後續研究的方向。它一方面是為了解決從問題意識的設定開始，到所採取的理論觀點，以及研究設計在研究對象、研究方法、資料蒐集各方面的限制等，這些不得不然的侷限性，讓整個論文的意義得以在適當的範疇之內加以彰顯，不至於過度膨脹。同時，原先造成研究困擾的一些限制條件，也因為你的反身自省而鋪陳出一條後續研究的康莊大道。另一方面，由於充分浸潤和適時進出整個研究歷程的學術沙漏，你的學識能力和學術功力也因此獲得增進，加上研究發現的啟發，所以你可能在這個論文最後的關鍵時

刻，看到一些原先不曾察覺到的研究課題，值得進一步加以探究。特別是在口試之後，經過口試委員的提點，一些無法解決的問題可以在〈結論〉中用研究限制與後續研究，加以因應。這些延續性的討論，可以讓論文產生一種意猶未盡或是開放結局的寫作效果。不過，畢竟學術論文不是科幻小說，千萬不要玩得過火。所以最保險的做法，就是讓論文最後一章的結尾，有效回應論文的題目，讓它形成一種「自圓其說」的共鳴效果，那麼，整本論文應該也就功德圓滿了！本書一再提及的吳爾芙的《自己的房間》結論，就是最佳的論文範例！

論文各章的檢核重點

接下來我就依照〈緒論〉、〈文獻評述〉、〈研究設計〉、〈研究發現與分析討論〉、〈結論〉的章節順序，再提醒一次各章節內容的敘寫重點。

1. 緒論（Introduction）：從日常生活或理論研讀中找出**值得探究**的經驗現象，並且透過歸納整理的初步探索，將它轉換為概念化的**問題意識**。而「值得探究」的關鍵在於這樣的課題必須從自己有興趣的「死感動」，連結到能讓大家「感動死」的社會意義和學術價值。也就是說，這樣的研究課題最好同時是自己有興趣，和社會大眾息息相關，同時又具有「XX 學」意義的社會現象或研究課題。這是利用歸納法意識到問題的概念化動作。問題意識自我檢驗的重點在於：有什麼特殊的經驗現象？它可以概念化成什麼樣的「問題意識」？其在社

會意義和學術價值上面的重要性為何？

2. **文獻評述**（Literature Review）：上述問題過去曾經如何被研究過？這些既有的**理論觀點**各有什麼利弊得失？針對論文所欲探究的問題意識，我們究竟需要什麼樣的**概念架構**？它的具體內涵為何？藉由這些理論觀點的**批判回顧**與**辯證轉繹**，你就可以提出自己的理論觀點或**研究假說**。文獻評述自我檢驗的重點在於：對於這個議題有哪些不同的理論解釋，它們各有哪些優缺點？加入我的理論觀點或研究假說之後，這個問題是否可以得到不同於以往（甚至突破性）的概念解釋？

3. **研究設計**（Research Design）：將理論觀點或研究假說中抽象的關鍵概念（或變項），轉換成可以觀察、測量的經驗對象，透過研究對象的選定和相關資料的蒐集，藉以檢驗假說的預測是否準確，或是理論的解釋是否合理。這個**操作化**的過程需要做好適當的研究控制，避免外生變數（extraneous variables）的重大干擾。如果無法避免，而且關係重大，那麼就應該修改理論，將重大的情境因素納入理論概念當中。研究設計自我檢驗的重點在於：研究設計的方法論（或是整體的研究策略）是否妥善處理理論觀點與經驗資料之間的對應關係？研究設計的取樣（sampling）或取材（cases）是否具有代表性或特殊性？測量是否具有準度（validity）和效度（reliability）？記得要清楚交代研究的程序和內容，以及所遇到的困難和解決之道，這是他人評斷你的研究是否有道理的重要環節。

4. **研究發現與分析討論**（Findings and Discussions）：逐項說明經驗研究的發現，仔細分析經驗資料合乎或不合乎假說預測結果（或是理論概念解釋）的可能原因。記得要適時回頭和理論建構過程中的

相關概念對話，藉以彰顯你的論文是一個**具有理論觀點的經驗分析**（a theory-laden concrete research）。值得提醒的是，有時候資料與假說不吻合之處，才是解開謎題的關鍵線索，千萬不要完全相信自己的「假說」，要抱持開放的態度，或許會有驚人的發現。研究發現與分析討論自我檢驗的重點在於：經驗資料的分析討論是否充分對應理論觀點的概念架構？是否可以主觀感知或客觀記錄的實然經驗現象來回應理論觀點或研究假說試圖解釋的應然關係？有無理論觀點無法解釋的重大現象，這些現象是否具有理論的啟發性？

5. 結論（Conclusions）：跳出論文，用更宏觀的角度檢視自己的研究，用不同的話語把研究問題、理論假說、研究方法、重大發現等重點扼要地重新加以彙整（也就是肯定自己的研究成果），並且自我陳述論文研究的限制、啟發與後續值得繼續研究的方向。論文結論自我檢驗的重點在於：是否有如沙漏狀地先由大而小、由具體而抽象地深入問題核心，接著再由小而大、由抽象而具體地轉換到經驗現象，以此深入淺出地**進出**核心的研究課題，進而讓讀者在閱讀論文的過程中，能對整個問題有不同於以往的智識理解。

論文格式的技術提醒

除了學位考試委員審定書、碩博士論文電子檔案上網授權書和謝誌／謝辭之外，論文口試本的版面格式與內容項目，和最終繳交定稿版的論文，幾乎一模一樣。當你完成論文一稿之後，如果真的沒有充沛的精力和充足的時間進行論文二稿的修訂與潤校，建議你還是抽出

兩三天到一週的時間，請朋友或自己快速地校訂一次，這樣子大概可以減少七、八成的錯誤，讓整本論文看起來不至於那麼潦草和狼狽，也才有口試本的樣子。

以下就依據前置部分、正文和後置部分的區分，簡單羅列完整論文必須包含的項目。至於詳細的內容，可以遵照各系所的正式規定，或是參考吳宜澄、盧姵綺編寫的《論文寫作格式手冊》（台北市：桂冠，2004），芝加哥大學出版社編輯的《芝加哥論文格式手冊》（*The Chicago Manual of Style: For Authors, Editors, and Copywriters*, Chicago, 2003），以及牛津大學出版社發行的《新編哈氏寫作與編輯規則》（*New Hart's Rules: The Handbook of Style for Writers and Editors*, Oxford, 2005）等書。

前置部分

1. 論文封面、書脊、封底。封面由上而下包括學校、系所、學位類別、論文題目、指導教授姓名、研究生姓名、論文完成年月等。這些制式規定的格式與內容只要參考系所過去的論文即可，在此不加贅述。唯一值得注意的是論文題目必須多加斟酌，務求清晰明確。它應該能夠準確掌握論文的關鍵概念，並充分反映論文的具體內容。因此，通常人文與社會科學領域碩博士論文的題目多採「主標題＋副標題」的複合形式。主標題多半是以理論化或意象化的核心概念為主，副標題則是以操作化的技術概念和具體的經驗對象為主。例如：《規訓與懲罰：現代監獄的誕生》（Foucault, 1979）、《社會的構成：結構化歷程理論綱要》（Giddens, 1984）。撰寫與檢驗論文題目好壞的

有效方法之一，就是將它與論文摘要和關鍵詞交叉比對，看論文題目是否足以反映摘要所說的論文內涵，而這些重要訊息是否足以用關鍵詞來建構出一組有意義、具透明性的論文題目。而且，論文寫作到了這個即將「臨盆」的關鍵時刻，就像懷胎十月生小孩一樣，是多麼值得喜悅的時刻。所以，不妨抱著幫即將出世的新生兒命名的心情，再好好地斟酌一下論文題目，甚至想好兩三個替案，分別註明如此命名的用意，然後再請指導教授或同學們幫忙篩選出最適合的題目。相信我，整個論文寫作的過程中，再也沒有比在這個時候幫論文決定最終命名，更享受的事情了！

2. **蝴蝶頁**。即空白頁。

3. **書名頁**。與封面同。

4. **學位考試委員審定書**。系所提供。

5. **碩博士論文電子檔案上網授權書**。系所提供，或參考國家圖書館的參考格式。

6. **謝誌或謝辭**（acknowledgements）。有一些論文或專書將「謝誌」誤植為「誌謝」，其實是跟「致謝」、「誌慶」等詞搞混。誌者，記也，也就是記錄你寫完論文之後的「得獎感言」。除了謝天謝地之外，別忘了感謝在你學習過程中幫助過你的所有貴人。這是論文中唯一的「私領域」，沒有任何規範或限制，你就自由發揮吧！

7. **中文摘要（含關鍵詞）**。以五、六百字左右，不超過一頁的篇幅，扼要說明整個論文的研究目的、理論觀點、研究方法、具體發現和重大啟發等重點。論文摘要的敘寫要訣在於這五個元素之間應取得平衡，不可偏廢。學位論文的摘要最常見的毛病就是頭重腳輕、虎頭蛇尾。可能用了大半的篇幅在鋪陳研究動機、研究緣起、研究背景等

在〈緒論〉正文中才需要談及的問題。可是，既然起了頭，就順勢拉長篇幅，寫出一、兩千字的長摘要；或者是在字數的限制之下，只好語焉不詳地草草帶過論文的其他重要部分。最糟的是，這種長篇大論、話說從頭的摘要，又常常和〈緒論〉、〈結論〉處的文字一再重複，讓人讀起來覺得缺乏誠意，很不舒服。尤其是才看完摘要，印象正深刻，沒想到打開論文的正文，一開始就出現重複的字句，絕對是「失敗中的失敗」。因此，比較適當的做法是在論文完稿之後，拿出一張白紙，閉起眼睛，仔細回顧整本論文，然後提筆各用一兩段話分別交代論文的研究目的、理論觀點、研究方法、具體發現和重大啟發等核心內容。剛開始的摘要草稿可以寫得詳細一點，各段字數多寡不均也沒關係。接著可以參酌各段的內容，列出四～七個關鍵詞，分別涵蓋問題意識、理論觀點、技術概念、研究方法、經驗對象等重要內涵。然後將摘要草稿輸入電腦，利用 Word 的字數統計功能核對字數，進行修訂刪減的工作，硬是把它精簡到五、六百字以內。而字數精簡的要訣就是參照先前羅列出來的關鍵詞，用提綱挈領的理論概念來涵蓋複雜的研究內容。最後再回頭修改和增減關鍵詞，就大功告成。

8. **英文摘要（含關鍵詞）**。對於許多非英語科系研究生而言，字數不多，也未必有人細看的英文摘要，恐怕是碩博士論文的最大罩門之一。在網路翻譯軟體還不普遍的年代，研究生多半自己硬著頭皮將中文摘要硬翻成英文。有門路的研究生會找老外或是念英語系、外文系的朋友幫忙修改一下，情況還不至於太糟。但是有了翻譯軟體之後，這種「洋涇濱」式的英文摘要，不減反增。其實，中、英文的思路和語法並不全然相同，但也不至於天差地別。我建議研究生平時在

文獻搜尋和閱讀的過程中，可以多參考英文期刊論文的摘要和關鍵詞（中文期刊的英文摘要水準參差不齊，就不建議參考！），就可以歸納出一些常用的語法。例如：The aim of the thesis is to... ／ This thesis /dissertation tries to...。特別是英文句法裡面的關係子句、逗號（,）和 and 等連接詞，可以用很少的字句描述一長串的內容，在寫英文摘要時非常好用。如果實在沒辦法，我建議研究生不妨向指導教授求救，畢竟這也關係到師徒們的共同顏面，請他們務必撥冗幫你修改一下中、英文摘要和關鍵詞。

9. **目次（或目錄）**。一般論文正文會分章、節、小節等層級，有的甚至會多到四或五個層級。由於目次的功能在於提綱挈領、簡明扼要，所以目次的內容不應該多過章、節、小節三個層級。如果每章有四、五個節數以上，甚至只要呈現章、節這兩個層級即可。

10. **表次（或表目錄）**。如果論文的圖、表數量不多，建議可用流水號（例如表 1、表 2，圖 1、圖 2 等），直接表示即可，不必分章標示。

11. **圖次（或圖目錄）**。同上。

正文部分

在假設演繹法五段式的論文架構之下，碩、博士論文的正文部分原則上可以區分為〈緒論〉、〈文獻評述〉、〈研究設計〉、〈研究發現與分析討論〉、〈結論〉等五章。如果有些章節的內容特別複雜，或是包含幾個可以明確劃分的部分，那麼可以將它們拆解成獨立的章節。例如，博士論文可將〈文獻評述〉拆解為〈文獻回顧〉和〈理

論建構〉兩章，碩博士論文的〈研究發現與分析討論〉部分，可以參照概念圖的組成元素，拆解成與之相對應的獨立章節，但盡可能不要太過細瑣，以二、三章為度。這樣整本論文可能變成六至八章，但是依然維持五段式的基本架構。在各章之下，論文的正文內容包括：

1. **章名**（heading）。除了〈緒論〉、〈文獻評述〉、〈研究設計〉、〈研究發現與分析討論〉、〈結論〉等制式的章名之外，我建議研究生最好在章名的主標題後加上足以反映該章內涵的副標題。如果研究生藝高人膽大的話（但是要諮詢指導教授的意見），也可以拿掉「緒論」、「文獻評述」、「研究設計」等字眼，直接另立足以反映該章內涵的標題。茲以《廚房之舞》為例。第一章直接採用〈「家庭毒氣室」的集體謀殺？〉作為緒論的標題，第二章是以〈工業資本主義與女性家務處境〉作為文獻回顧的標題，第三章是以〈「身體－空間」的日常生活地理學〉作為理論建構的標題，第四章是以〈廚房劇場：分析架構與研究方法〉作為研究設計的標題，第五章和第六章分別是以〈公寓廚房的空間生產〉和〈身體再生產的「生活廚房」〉作為研究發現與分析討論的標題，最後一章則是以〈從廚房之舞到生命之歌〉作為結論的標題。若是擔心這麼做讀者看不出來各章的功能，也可二者併用，變成〈緒論：「家庭毒氣室」的集體謀殺？〉、〈文獻回顧：工業資本主義與女性家務處境〉的形式。但千萬不要只有緒論、文獻回顧等千篇一律的制式章名，否則這樣讀者看完之後，也未必能夠清楚掌握到你的核心論述。所以，好的章節名稱，不僅可以作為閱讀前的導引提示，也是閱讀後對照驗證的重要指標。

2. **引文**（introducing remarks）。在章名之下，每章開頭處最好以

一段簡短的文字介紹本章的內容結構，或是當作引起動機的破題，讓讀者先有心理準備和相關線索，這樣閱讀起來比較容易掌握論文的論述脈絡。有一些論文在章名之下馬上接著第一節的節名，甚至又接著第一小節的小節名，看起來會很呆板，像是操作手冊（manuals）而非論文。所以，在修訂論文的過程中，一定要記得在各章的開頭稍微「添油加醋」或撒上一點「香菜」，讓論文的「味道」更容易散發出來。

3. **節名**（subheadings）**及段落內文**（paragraphs）。論文的每一章都會分成幾個獨立但相關的節（sections），節下甚至還有小節（sub-sections），或是第三層、第四層等更細的層級內文。原則上章節段落盡可能以三層——也就是章、節和小節——為度，分別給予命名，讓章節內容和論述脈絡條理分明。各系所通常都會參考中英文期刊論文的相關手冊，如美國心理學會（American Psychological Association）的 APA 格式、美國現代語言學會（Modern Language Association）的 MLA 格式等，訂定碩博士論文的章節格式，包括邊界、字型、字體大小、行距、標點符號、退縮等等，研究生只要參閱相關規定，從頭到尾一致即可。

4. **引文**（references or quotations）**及註文**（notes）。碩博士論文中經常會**引用**（cite）其他文獻，有的只是**提及**（refer）哪些人曾經做過哪些研究（例如在〈緒論〉中），有的會提及特定書籍、期刊論文或學位論文中的某些字句或概念，有的甚至會直接**引述**（quote）其中的一整段文字，特別是在〈文獻評述〉章節。這時候都需要在正文中明確地加以標示。早期英美論文多遵照《芝加哥論文格式手冊》的體例，是以腳註（footnotes）的方式標注所引用文獻資料。後來逐漸分化為人文藝術學科以 MLA 體例為主，社會科學多採 APA 格

式。前者是以正文句尾加入數字上標，同頁下方加入註腳，列出文獻出處的方式為之；後者則是採用句尾加入括弧，內含（作者，出版年）或是（作者，出版年，頁碼）的引注方式，相關文獻的完整資料只出現在後置部分的〈參考文獻〉處。這種（作者，出版年）的括弧引文方式（Parenthetical referencing），又稱為哈佛引文系統（Harvard referencing system），最早是由哈佛大學動物學教授在 19 世紀末時率先採用。[28] 它的優點是既能清楚交代引文出處，又不至於干擾正文，極受自然科學各領域所喜愛，後來也廣為人文社會科學領域所採用。由於各學科領域多已發展出一套他們自己專屬的引文規範，所以研究生也不必為此多傷腦筋，只要遵照辦理，而且全文統一即可。此外，論文的正文當中也常出現註文，用來補充說明正文中不便插入的相關文字。註文可分**腳註**（footnotes）和**尾註**（endnotes）兩種。前者是將註文放在標號出現的同一頁（或緊鄰之次頁）；後者則集中放在論文的後置部分或是各章的尾部。以閱讀方便而論，我覺得碩博士論文可能比較適合採用腳註的方式。唯一要注意的是，不要濫用腳註，例如每頁都有腳註，或是腳註多到佔掉同一頁的大半篇幅，這些都應該避免。盡可能將相關訊息寫入正文內，或是直接捨棄，非不得已時才謹慎使用。

　　5. 圖（diagrams）、**表**（tables）。學位論文常會用到各種圖表。圖表的使用，有三點值得注意的事項。第一是論文中的圖表不能憑空出現，必須先在正文中提及，或是以括弧表示，然後在同頁或緊鄰的次頁中呈現。第二是圖、表必須明確註明出處。不論是直接複製、修

28　參閱 Smith, J. (2005). *Harvard Referencing*. London: Jolly Good Publishing.

改或自行繪製，都必須註明。第三，表名和圖名的位置不同。表名是位於表頭的上方，圖名是在圖的下方，不要混淆哦！

後置部分

1. **參考文獻**（references）。有些論文會區分**引用文獻**（cited references）和**文獻目錄**（bibliography）。前者是指論文正文中曾經「直接引用」的文獻資料；後者則包括「直接引用」和「間接參考」的文獻資料。有的系所規定比較嚴格，只有直接引用過的文獻資料才能納入；有的系所規定較為寬鬆，也允許研究生將沒有出現在論文正文中的相關文獻納入。我建議標題可用居於「引用文獻」和「文獻目錄」之間的「參考文獻」，但是所列出的資料必須在正文中「提及」（referred）的文獻資料（包括直接引述）──也就是在正文中用 APA 引文格式出現過的文獻──才納入參考文獻當中。至於參考文獻的排列順序與相關格式（例如中文先、英文後，專書、期刊論文和其他文獻類型的字體、標點符號和凸排方式等），可逕自參考系所規定或所屬領域的學術常規。

2. **附錄**（Appendices）。和論文研究有關，但又不適合直接放入論文正文的相關內容，例如：經驗資料的概況整理、問卷內容、訪談題綱和相關資料等，可以放入論文最後的附錄當中。一般來說，附錄的頁數盡可能不要超過正文頁碼的四分之一或五分之一。如果相關資料內容頗多，可適當縮排或擇要納入，以減少頁數。

8

口試見真章

　　論文二稿（口試稿）完成之後，就可以開始準備**口試**。論文口試，在中國大陸的說法叫論文**答辯**。在西方，英國和歐陸多稱為 viva（拉丁文 viva voge 的簡寫），美國大學則常用 oral defense。顧名思義，就是以論文內容作為核心文本的口頭考試，或是由研究生就其論文進行口頭辯護。

　　論文口試的目的有三。第一在於驗明正身。雖說學術是良心事業，研究講求自我要求，但是總有少數投機份子鋌而走險，大膽地找人捉刀或是偷偷剽竊抄襲。藉由口試委員的當場詰問，便能一辨真偽。論文若非親力親為，恐怕就經不起口試的考驗，絕對會當場現形穿幫。第二在於釐清問題，考驗研究生的實力。論文中難免有一些理論觀點的差異取捨、邏輯關係的推論不當，或是經驗資料的分析疏漏，甚至前後矛盾，需要藉由口試委員和研究生的當場詢答，獲得釐清，進而確認研究生的研究能力和論文的學術價值。第三則是針對前述問題，找出可能的解決之道，作為後續修改論文的具體依據，讓整個研究所的學術訓練和論文本身，劃下一個完美的句點。

口試日期的安排

　　一般來說，論文的口試稿必須在**口試前十天到兩週間**，送交口試委員，讓他們有充分的時間仔細審閱。所以，你可以利用這個短暫的空檔，稍微輕鬆一下，到近郊走走，看場電影，或是和朋友小聚，吃吃飯、唱唱歌之類的，但千萬不要來個「口試前夕的摩托車之旅」，騎車環島或是出國旅遊等等，那就真的太白目了！有些研究生在還沒有寫完論文之前，就先和口試委員約好口試的確切日期。若能確實執行，也還 OK。問題是，計畫往往趕不上變化，從傷風感冒到男女朋友吵架，都有可能橫生波瀾，讓論文難產。而且，通常論文口試的旺季是在鳳凰花開、驪歌初唱的六、七月間，加上許多教授在暑假期間會出國研究或休假，使得論文的口試檔期只得預先安排，這也為論文撰寫的最後階段，平添不少壓力。只能靠研究生自己多加留意，上緊發條。要不就多預留一些時間，晚一點口試。總之，盡可能不要急就章地送出零散潦草、缺東漏西，甚至錯誤百出的論文給口試委員。否則，第一印象就不好，反而徒增口試時的難度。特別是博士生，絕對不要心存僥倖，論文口試就是邁向學術志業的最佳試煉，寧可過度要求，也不要草率行事。最好等論文二稿（口試稿）確實完成之後，再跟口試委員確認口試日期，才不會弄巧成拙。

　　我就曾經碰過一個血淋淋的真實案例。有一位國內知名大學的博士班學生，大約在口試日期前一個多月就和口試委員定好口試時間。我以為這名研究生已經完成論文，正在進行一稿的修訂與潤校工作，但是一直沒有收到論文的口試本。直到口試前兩三天，當我還在納悶是不是記錯時間，正準備發電子郵件跟他確認，這名研究生這時才匆

匆寄來一封電子郵件，告訴我他的論文結論還沒寫好，可不可以先把寫好的部分給我？我回答他，是否將口試日期延後一個月較為妥當？剛好那幾天我到他們系上口試另外一位碩士生的論文，見到他們系主任，他也是這位博士生的口試委員之一。我將這個情形稟告給系主任聽，正式建議他們延後口試日期，這名博士生才將口試改期。但可想而知，沒有經過精雕細琢，倉促完稿的博士論文初稿，必然漏洞百出。一個月後口試，經過一番討論，口試委員們認為這篇博士論文應該經過相當程度的修整，才能夠達到博士論文的水準，希望這名研究生能夠好好修改。沒想到，這名博士生以即將入伍服役為由，希望能夠先讓論文通過口試，等他當兵回來，再好好修改，到時候再去圖書館將沒有修改的論文偷偷換過來。我聽了之後，震驚不已，簡直不敢相信我的耳朵，更匪夷所思的是，他的指導教授和同樣擔任口試委員的系主任，顧慮到學生的前途，竟然以愛才惜才為由，試圖說服我和其他口試委員接受這樣的做法。其實，我和這名學生私底下也還算熟識，所以試圖對這名博士生曉以大義，告訴他博士論文的重要性，特別是對於國內畢業的本土博士而言，論文品質攸關將來學術生涯的發展甚巨，寧可多花一兩年的時間好好琢磨、仔細修改，也不要草草了事，甚至將來還得毀屍滅跡、掩人耳目，豈不枉然。不料，多數口試委員經不起他們師生的一致懇求，只好睜一隻眼、閉一隻眼地放水簽字，責成指導教授要好好監督後續的論文修改。在無法說服其他人的情況下，我也只能鄉愿地默認大家的決定。但是他們沒有考慮到的後果是，雖然博士論文口試是閉門進行，可是我們這些來自其他學校的老師們，會怎麼看待這名研究生和這所知名的大學系所呢？這種事情大家不會口耳相傳嗎？難道他們不怕砸了學校的招牌嗎？我不知道別

人會怎麼做，但是在我內心已經將這名博士生打上一個「永不錄用」的大叉。我不會到處張揚這件事，但是一旦這名博士生到我們系上申請教職，我絕對會在系教評會上堅定地投下反對票，並且向其他教評委員說明原委。

這就牽扯到學術政治的恐怖平衡。回國教書以來這些年，有時候我還蠻怕擔任碩博士論文的口試委員，尤其是在還沒升等以前的菜鳥階段碰到博士論文口試。因為在台灣狹小的學術圈裡，錯綜複雜的「學術倫理」是一件很微妙的事情。從來都沒有人明說事情該如何如何，但是中間的過程和可能產生的後果，都有可能牽動異常敏感的學術神經。當然，這可能都是我自己太過敏感，胡亂臆測，學術界並沒有這麼黑暗。實際上，學術界還真的比社會上的人際關係，甚至大家庭裡的親戚關係，要單純許多。整體而言，口試論文的學術服務雖然辛苦，但是可以學到很多事情。它不僅可以考驗教授們的學術底子，還能進階鍛鍊他們已經磨鍊得非常敏銳的思考能力與診斷功夫，所以多數教授還是願意勉力為之，花費寶貴的時間和相當的氣力來擔任學位論文的口試委員。

我還記得多年以前我第一次擔任碩士論文的口試委員的情形。那時，沒有口試學生經驗的我，還延續我在博士班階段參加研討工作坊所養成的習慣，總是試著想像，如果我是這篇論文的作者，我會如何做和怎麼寫？加上論文口試的不成文規定，通常都是由比較資淺的口試委員先問，所以口試時我一口氣提出了許多問題，而且還把可能修改的方式，一併告訴研究生。可想而知，研究生一直點頭稱是，臉上還不時露出神祕的笑容，因為他根本不用回答，心中暗爽不已。這時，另外一位經驗豐富的資深教授就提醒我，論文口試，怎麼說都是

學生得面對的**口頭考試**，建議我不妨提出問題就好，讓學生自己回答。我頓時如夢初醒，這才意識到自己已經正式脫離被人口試的學生階段。當下雖然有一點兒不好意思，但是這樣的提醒真的是醍醐灌頂，讓我獲益良多。往後參與的一些口試，我也逐漸變得犀利起來。我總會設法將自己從論文裡看到的問題，轉換成具體的提問，要求研究生再次釐清或具體回答。就算我有合理的解答和具體的修改建議，也會暫時按捺下來，等研究生回答之後再追問或補充，以便考校他們的實力。更有趣的是，論文口試的場合，往往也是口試委員和指導教授之間相互切磋、彼此較勁的學術場域。如果用心，收穫最多的反而是擔任口試委員的教授們。被口試的研究生可能還在擔心，不知道自己的論文究竟會不會通過，卻不知道口試現場其實已經發生了許多刀光劍影的高手過招。倒是在口試現場裡幫忙做記錄的同學，反而旁觀者清，更能感受到老師們高來高去地點到為止，甚至唇槍舌戰起來的學術過招。這就涉及學術評論和學術審查的進階課題，我把它留到下一章〈明日過後的學術出版〉，再詳細說明。

　　值得提醒的是，雖說全世界沒有任何人比研究生本人更清楚整本論文的來龍去脈，包括指導教授在內，因為論文原則上全是研究生自問自答的自選發揮題；然而，論文口試畢竟是決定學位論文是否及格的考試場合，而且是即席問答的口頭考試，因此，口試前的準備工作，也輕忽不得。本章接下來將針對論文口試前的準備工作、論文口試時的應對策略，以及論文口試後的修改重點，提出具體建議。此外，口試委員的選擇，也潛藏著一些玄機，值得研究生和指導教授好好斟酌。

口試委員的聘任

　　一般來說，學位論文口試委員的人數與聘任方式，並無統一的規定。但原則上，碩士論文的口試委員為三～四人（含指導教授），博士論文的口試委員則是三～六人（含指導教授）。口試委員產生的方式，各系所甚至不同指導教授之間，也差異極大。最嚴格的口試委員產生方式是由系所決定，可能是由考試委員會商討決定或由所長指定。最常見的方式，則是由指導教授商請相關領域的學者擔任。近年來，也有越來越多的論文口試委員，是由研究生自己決定，經由指導教授同意之後，再由所上出具聘書，正式邀請。不管產生的方式為何，也不論這中間是否有一些人情世故的牽扯，通常口試委員在審查論文的時候，都會盡可能拋開人情束縛，純粹就論文的內容進行審查，頂多是在決定論文是否可以通過，或是後續論文修改的幅度上，稍微斟酌一下。因為這是學術研究的基本倫理，絕大多數的學者都會秉持學術自由的良知良能來審查論文。而且，除非私底下得罪人自己不知道，否則所有的指導教授都會推薦在研究領域上契合（有可能沒有交情，甚至原本不認識）且／或交情良好的教授擔任口試委員。換言之，在「人和」方面，對研究生而言是絕對有利的。但是研究生千萬不能因此「靠勢」，以為有指導教授撐腰就萬無一失。就是有一些教授喜歡為難學生，而且老師之間的交情越好，他們就越大膽放心地狂電學生。如果口試委員和指導教授彼此陌生的話，可能還擔心電得太兇會引起不必要的誤會，所以下手反而較輕。因此，與其靠這些說不準的關係，還不如自己好好準備。真金不怕火煉，任誰來口試都沒在怕的啦！

雖說口試委員對論文的影響不像指導教授那麼關鍵，但是他們畢竟是學位論文的最終把關者，多半也是相關領域的重要學者，因此我還是建議研究生，應該和指導教授好好商量，慎選口試委員。特別是博士論文的口試委員，更要精挑細選，因為他們極有可能是你未來的學術路途上拉你一把的**貴人**（或是擋你一下的小人），千萬不要亂找人來湊數。由於他們對你的學術底細瞭若指掌，又在同一個學術領域，所以日後碰面的機會很多，不論是研討會評論、專題研究計畫申請、期刊論文審查等，都有可能遇到，說不定你還會到他們系上求職。所以，論文口試絕對是你打開未來學術生涯大門的重要敲門磚，切莫等閒視之。而且，大學系所在審視求職者的博士論文時，也會順帶看看口試委員的組成，多少也能看出博士論文是否具有品質保障。我就看過一個博士論文的例子，口試委員全是指導教授在大學時期或是研究所階段的同門師兄弟，連同被口試的研究生，大家都是同一個師公門下的弟子。這樣的口試班底，也間接說明許多事情，容易給人「此地無銀三百兩」的不好聯想。如果你的論文還行，這麼做反而不利。因此，口試委員的挑選，最好能夠兼顧教授們的資歷、門派和服務系所，這樣子或許有助於你未來的學術生涯發展，特別是你畢業頭幾年的求職工作。

口試前的準備工作

沒有論文口試經驗的研究生，一定會覺得論文口試聽起來好恐怖，因為不知道口試委員究竟要問些什麼問題。這些老奸巨猾的教授

們，也的確千奇百怪，總是有一些怪咖老師喜歡在口試時出奇招。不知是為了炫耀他們的學問莫測高深，還是老師們之間暗中較勁，甚至有可能是要掩飾他們事前其實沒有認真看論文的心虛？但是研究生也不用太過擔心，因為不論就論文的簡報內容或是口試場地的空間布置，你都具有論文口試的**主場優勢**，可以透過細心的準備和巧妙的安排，讓口試過程盡可能在你的掌握之中。

　　先說**論文簡報**的準備。國內碩博士論文的口試，通常都會給研究生十五分鐘（碩士論文）到三十分鐘（博士論文）左右的時間簡報論文，然後再進行即席的口試問答。這短短二、三十分鐘的簡報內容，雖然無法達到起死回生的效果，卻足以做好「有以待之」和「故佈迷陣」的口試準備。論文簡報的程序，對研究生而言有兩個好處。第一個好處是研究生在送出論文之後，還有機會重新整理一次自己對論文的整體理解，並且依據章節架構加以歸納，在口試時提出。這時，原本論文中存在的一些問題，在口試簡報時就有修正、彌補的機會。若能做到這一點，那麼論文簡報的第二個好處也就跟著浮現──它能避重就輕地悄悄引導論文口試的方向，儘管口試委員們事前都已經看過論文，而且在論文上作好記號和問題。但是並非每一本論文都是值得細細品味的好文章，口試委員基於職責，只好耐住性子勉強看完，有時候碰到不忍卒睹的論文，甚至得分成好幾次才能讀完。這時候，如果研究生能在論文簡報的時間裡，給口試委員帶來煥然一新的感覺，那麼原本在閱讀論文時的痛苦經驗和不良印象，也會因為前後的巨大反差而大獲改善。不論是接下來的口頭提問或是最後的下筆評分，都有可能因此網開一面、手下留情。我就碰過幾次這樣的實例，論文本身實在問題多多、漏洞百出，但是因為口試時的論文簡報，已經改善

許多，我也就不好意思再多加苛責。而這些因為準備論文簡報所帶來的釐清效果，也是口試完後加入審查意見，作為後續修改論文的重要依據。因此，這個看似只是行禮如儀、按表操課的論文簡報，事實上是對研究生非常有利的口試暖身，一定要好好把握，充分準備。

其實，口試簡報的真正目的，是要讓研究生和口試委員藉由論文內容的複習，爭取一點「暖機」的時間。尤其是對論文相對不熟悉的口試委員，特別需要利用這短短的二、三十分鐘重新梳理一下先前準備好的提問內容。口試簡報的內容，就是論文各章的重點，而這些重點正是口試委員們必考的關鍵提問。因此，研究生準備口試簡報的最佳方式，就是拿起剛出爐的論文口試本，運用本書第五章提過的，在書上劃線寫重點的 CNN/BUS 分析閱讀技巧，摘出論文各章的重點，再將其轉換為簡報的投影片內容。CNN/BUS 的成果也可以當作口試時的小抄，因為有些口試委員在口試時喜歡「斷章取義」地挑毛病，會叫研究生翻到論文的第○○頁，然後問說第幾段第幾行是什麼意思，或者有什麼問題。如果研究生在準備口試簡報稿時也能順便複習論文內容的重點，並對可能被問到的疑點，預先在論文上註記要點，那麼口試被問到時，就算過度緊張腦筋一片空白，至少在論文上已經做好小抄，不至於手足無措。

在假設演繹法的五段式論文架構之下，如果有三十分鐘的簡報時間，那麼每一章大約可以分配到六分鐘的簡報時間。如果一張 Power-Point 投影片需要一分鐘到一分半鐘的時間講解，那麼論文每一章可以有四～六張投影片的空間，整個論文簡報大概可以配置二十～三十張左右的投影片。但是，比較理想的論文簡報時間與投影片配置方式，並非一一對應的線性安排，而是緒論、文獻評述（理論觀點）、

研究設計、研究發現與分析討論、結論等五大要素，可以運用「快－慢－快－慢－快」的簡報節奏加以呈現，讓最重要的〈理論觀點〉和〈研究發現與分析討論〉，可以擁有較充裕的時間和篇幅加以說明。而且，每一章的投影片配置也不是死板板的按時間平均分配，而是可以依照關鍵重點（投影片少，說明時間長）與輔佐說明（投影片多，說明時間短）之別，分別增減時間與投影片的數量。加上開頭用不疾不徐的速度來顯示論文題目的投影片，絕對可以讓整個論文簡報展現出研究生該有的自信與條理。準備的要訣在於掌握簡報（論文）內容的主軸重點，先確定每一個單元的舞台和主角，再加入相關說明釋例的投影片內容。論文簡報依序會出現的一些重要投影片主題包括：

1. **論文題目**：可以用三十秒到一分鐘的時間，一字一句地念出你的論文題目，讓口試委員看清楚你論文主標題所揭櫫的核心課題，並用簡短的字句說明一下論文研究的具體內涵（也就是論文副標題的內容）。開場的第一張投影片千萬不能「快閃」而過，那樣很難讓口試委員在他們腦海中，對你的論文留下清晰的認知圖像。（中庸速度）

2. **研究背景／研究緣起的關鍵破題**：以最具戲劇性或代表性的線索（包括圖像、新聞事件、統計數據、相關研究等）帶出研究課題的經驗現象，並具體陳述論文研究的問題意識及其重要性。（稍快）

3. **理論觀點的批判評述**：清楚說明（碩士）論文所依據的理論觀點，並扼要介紹相關的重要概念如何有助於釐清所欲研究的經驗課題。若是（博士）論文有提出自己獨到的理論創見，則可多增加一張投影片，闡述理論建構的核心概念。（稍慢）

4. **概念圖與研究假說**：在簡單闡述完論文的理論概念之後，可

將這些概念分析整理成一個明確的概念圖和一組相關的研究假說，作為整個論文的核心架構。這張投影片也是口試委員在口試過程中最常叫研究生再放出來的討論平台，因為它是檢驗你的抽象概念和經驗分析之間是否緊密扣合的關鍵線索。（中庸速度）

5. **研究設計**：簡單交代你的研究對象（區域）、研究策略、進行步驟和田野資料的初步彙整。這裡可以快速播放許多相關的圖、表來配合口頭說明，不必花費太多時間描述田野進行的細節。來不及說明的部分，剛好留給口試委員作為提問的素材，到時候你再援引論文附錄裡面的資料細節詳細說明，也可藉此「消耗掉」一些口試問答的時間。（稍快）

6. **研究發現**：這部分是口試委員最關心的重點，因此可以依據概念圖的分析架構或是分析討論的章節，安排三～五張研究發現的投影片，詳細地加以說明，並適時地穿插相關圖、表或訪談譯文，作為強化分析討論的佐證。（稍慢）

7. **結論**：可用一段話來總結整個論文研究的前因後果，並加入研究限制、研究啟發與後續研究的簡單說明，作為結論。（稍快）

其次，**口試場合**的時間、空間，如果安排得宜，也可能讓口試更順利些。先說口試時間。不論你是早睡早起、生活規律的好學生，還是習慣熬夜的夜貓子，原則上我都建議你將口試時間**排在下午**。因為就算你平常習慣早起，可是口試前一天晚上，你極可能因為過度緊張而失眠，更不用說，如果你是一個「生活規律」的夜貓子，那麼緊張加上必須早起的壓力，可能會讓你重度失眠。所以口試時間還是排在下午時段比較保險，而且最好還是三點午茶之後的下午後半段。那麼

從口試開始到五點下班，大概有整整兩個小時的時間可以口試。就算問題很多，六點天黑也該休息吃飯了，加上有些口試委員可能搭高鐵或飛機遠道而來，還得預留返程的時間。如果論文的問題不是嚴重到必須砍掉重練，經驗老道的教授們看時間大概也知道該歇手了。如果口試時間不得已安排在早上舉行，十點鐘開始也是一個不錯的戰術部署，因為很快就中午了。在沒有準備便當的情況下，口試時間通常不會拖得太久。

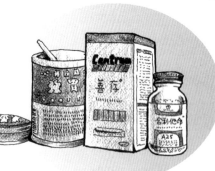

但是早上十點這招，可能只適合碩士論文口試。博士論文要用這招，說不定會落得口試一整天的悲慘下場，還得加碼提供午餐、晚餐和午茶點心，切勿冒險嘗試！

至於口試場地的空間安排，雖說受限於系所教室或研討室的先天條件，但只要稍微調整一下教室／研討室的桌椅位置，讓口試委員和研究生之間保持 2 ～ 3 公尺的距離，大約是三張 90 公分長的桌子距離（這樣子才看不出來你的手在發抖！），最好能夠面對面，方便彼此直視。口試委員之間，最好也能保持 75 公分至 1 公尺左右的距離（彼此身體不會碰到，也看不清楚彼此手寫筆記內容的距離），這樣子大家的身體空間才會比較自在。如果你是容易緊張的人，那麼也可以考慮在口試委員和自己之間多加一張大桌子，遮住你的下半身（也就是你的面前至少有兩張前後排列的大桌子），讓你可以更自在些。若是有開放同學旁聽，可選擇較大一點的教室，以教室的前半部作為口試的主場，盡可能將同學的旁聽座位安排在口試委員後方，不要讓他們在你兩側或背後，以免影響你的注意力，或是干擾到口試的進

行。另外，投影機的角度和電燈的光線也要稍加留意，確保口試委員能夠同時看清楚投影幕上的簡報內容和桌上的論文紙本，以便他們隨時劃線、註記。而旁聽席天花板上的燈光，則可以考慮關掉或調暗，讓口試現場的焦點更凝聚些。這些事情可以在事前演練口試的過程中，一併調整。

此外，茶水和點心似乎已經成為論文口試的必備項目，過與不及都不好。建議只要請同學或朋友準備熱茶、咖啡和最簡單的新鮮糕餅或當季水果就好，甚至省事一點的，只要準備一些瓶裝礦泉水即可，讓大家可以專心在論文口試上面。請放心，不會有口試委員因為點心的好壞，而給論文加分或扣分的！

口試問答的攻防策略

各系所碩博士論文口試的進行方式，不盡相同。有的允許研究生列席旁聽，有的則是閉門審查。口試委員的人數，少則三人（含指導教授），也有多達五、六人的（博士論文）。有的口試允許指導教授以口試委員的身分發言，不過通常只作補充說明，不作提問。整個論文口試的進行方式，原則上是大同小異。一般來說，在口試之前，口試委員們會先確認論文有達到口試的條件，然後相互推舉，由指導教授之外的其中一人擔任主席，負責掌控整個口試的程序，接著正式展開口試。若是有口試委員覺得論文有問題，或是比較謹慎的系所會針對博士論文，在正式口試前先召開簡短的閉門會議，確認是否可以進行口試，以及口試進行的相關細節。若是論文出現重大瑕疵，為了避

免無法挽回的結果，有些口試委員會好心地建議延後舉行，並在閉門會議中知會指導教授，讓研究生有機會修改到相當程度後再進行口試。所以，研究生大可放心，口試委員們的基本立場都是希望研究生能夠順利畢業，只是基於論文審查的學術職責，必須嚴格把關。特別是博士論文，因為事關重大，所以會格外慎重。至於碩士論文，原則上只要你把論文寫完，而且沒有剽竊抄襲或過於嚴重的錯誤，那麼你的論文就一定會通過，因為口試只是學位論文的必要程序和象徵儀式。因此，碩士論文的口試過程，只有「好過」和「難過」的程度之別，這是不能明說，但大家都知道的公開祕密。

　　論文簡報完後，就進入口試問答的關鍵時刻。這段時間可長可短、可快可慢。快的可能只要一、兩個小時左右就會結束（碩士論文），慢的可能長達三、五個小時，甚至進行一整天的馬拉松口試，中間還有午餐或晚餐的休息時間（博士論文）。一般而言，口試時間的長短未必和口試結果的好壞，直接相關。有時候口試時間拉得比較長，是因為論文做得好，裡面有許多口試委員有興趣的課題，大家願意花比較長的時間逐一釐清；有些論文的口試很短，是因為論文內容實在乏善可陳，口試委員只需要問幾個大問題，研究生就窘態畢露，也就無須多問，直接進入評分階段。不論口試時間長短，當局者迷的研究生大概都沒有多餘的心思去細細體會，因為全部的心力都放在回答口試委員的問題上面。對此，研究生也毋需過度謹慎或太過緊張，因為研究是你自己做的，論文也是你自己寫的，口試委員問的問題都跟研究過程和論文內容有關，一切只要據實回答即可。

　　口試問答通常會由沒有擔任主席的口試委員先問，而且原則上指導教授是不能提問或代為回答。但是實務上口試委員多半會尊重指導

教授，在口試最後請名義上也是口試委員的指導教授補充說明或作總結，其實是讓指導教授有機會幫研究生解解圍或圓圓場。這時候，指導教授多半會提出一些研究生在研究過程中遭遇的困難，以及他給學生的因應建議，藉此幫學生承擔部分責任。當然，也有一些比較強勢或是愛徒心切的指導教授，會在研究生答不出來的時候跳出來代打（其實是在幫自己解圍），進而變成老師之間的辯論。不過這種情形對研究生而言，未必是好事，因為它會剝奪研究生為自己的研究努力答辯的寶貴機會。論文口試是研究生修煉得道的關鍵時刻，就像鳥蛋孵化前雛鳥自己的奮力掙扎是自我鍛鍊的突破考驗，絕對有助於研究生初步探索與提早適應畢業之後可能面臨的學術環境。所謂「真金不怕火煉」，只要論文是真材實料的研究成果，口試過程中的各種提問，反而是將影響論文品質的各種雜質逐一剔除的淬鍊過程，值得研究生細細品味，甚至好好享受這難得的寶貴經驗。

　　口試的進行方式並無一定的成規，有採一問一答的，也有輪番上陣、群起攻之的車輪戰，端視口試委員的習慣和口試現場的互動情形而定。不過，最常見的方式應該是一個口試老師有一個完整的問答時段，一人問完之後再換另一人提問。也就是說，假設有甲（主席）、乙、丙（指導教授）三位口試委員，那麼簡報完後通常是由乙教授率先提問。當然，每一個老師的口試習慣也不一樣。有的會長篇大論地訴說整本論文的利弊得失，但是沒有太具體的問題（因為在他評論論文的過程中，也幫你把問題逐一解決了！）；有的會逐章逐頁地指出你論文哪裡有什麼問題或錯誤，請你說明或參酌修正。不過，依據我的觀察，一個經驗老道的口試委員，通常會將口試的提問分為三個段落。第一部分是先對論文作一整體評論，一方面肯定它的優點（給研

究生一點信心和溫暖），另一方面也具體指出它的整體問題（通常會用「但是」、「不過」之類的轉折語氣開頭，表示真的問題要來了！）。然後才開始第二部分的正式提問，也就是有關問題意識、理論觀點、研究設計、重大發現等論文各章的重大問題。這時候口試委員常常會請研究生將投影片點到概念圖那一張重新播放，方便討論論文涉及的相關概念。所以在製作簡報投影片時，請務必將概念圖納入。第三部分則是一些論文細節、敘寫風格或是技術問題的友善提醒或具體建議。這樣子一路講下來，可能就用掉十五～二十分鐘的時間，甚至更長，因此研究生一定要準備紙筆，邊聽邊記重點，並且快速思考這個問題是有關論文的哪一章節，你大概準備如何回應等等。

研究生在回答問題時，也可以援引口試委員的評述架構，先語帶感激地籠統回應口試委員對論文的整體看法，謝謝教授點出論文的一些問題與盲點。但是千萬不要為了爭取一些思考的時間而說出「哦，這真是一個好問題！」之類的蠢話，那是老師們的專利用語，你如果侵權使用的話，保證你接下來口試過程會生不如死！接著，你就可以逐項回答剛才口試委員提出的大問題。這些問題不一定要依序回答，你可以先回答簡單、有把握的問題，然後再處理那些棘手的難題，將「傷害」降到最低。這樣子就算原本論文有七、八個問題，被你避重就輕地解決掉五、六個小問題，那麼剩下來一、兩個難解的大問題，看起來也就沒有那麼嚴重了！

如果其中有聽不太懂或不知如何回答的問題，可以請口試委員再說一次或多提點一點。如果實在回答不出來，你還是應該努力找出一些可以說服人的理由，為自己的論文「答辯」一番。聰明的回答方式既不是棄械投降地承認錯誤或說「不知道」，也不是頑強負隅地強

辯、硬拗，而是回到當初的研究脈絡當中據實以答，有條理地說明
「當時你是如何思考的，所以你才會怎麼做。它的確或可能會有教授
所說的某些問題，可是如果從另一個角度來看的話，它又怎樣怎樣
……。」口試詰問與論文答辯的目的，就是要讓你回頭思索一些你在
研究過程中可能沒有想到過或思慮不周的問題，同時也藉此讓口試委
員能夠進入你在研究過程中思考推論的「意識流」當中，了解當下你
為何如此思考與行動的邏輯。然後再藉由口試委員所提出來的不同立
論觀點與分析視野，幫助研究生釐清與消除論文研究的理論盲點與行
動破綻。因此，在答辯的過程中，你要讓口試委員們理解到，你能夠
理解他們的問題，也試圖說明當初為什麼這麼想和這麼做的理由，甚
至想出後續可以如何修改或補救的解決之道。換言之，在口試問答的
過程中，研究生應該設法展現**領略問題**與**分析破解**的**研究能力**，那麼
原本被點出來的問題也就可以化危機為轉機，讓口試委員確認及肯定
你在論文研究過程中的付出與收穫。

　　有趣的是，有些口試委員並不會乖乖地遵照一人一答的先後順
序，而是聽到相關問題時就主動加入戰局。如果教授之間的看法類
似，問題也就不大。若是彼此的看法歧異，那麼事情就有趣了！這時
往往會變成教授之間的辯論，甚至指導教授都有可能加入討論，那麼
研究生只要靜靜地在一旁觀戰即可，時間也會快速地流逝。等到輪到
第二位口試委員提問的時候，原本他要問的問題大多已經先破梗了，
通常也就不會問太多大哉問的難題，而是補充一些小問題，研究生反
而比較容易回答。最後，當主席請指導教授補充說明的時候，也代表
口試已接近尾聲。通常指導教授會先數落一下研究生的缺點，並且盛
讚口試委員的精闢見解，研究生千萬不要以為這是指導教授在落井下

石（雖然偶爾真的會出現這種明哲保身的教授，論文會出現這些問題的確有一部分是指導教授難辭其咎的責任），因為通常指導教授接下來會回頭讚揚你在研究過程中的努力及付出，意思是請口試委員們高抬貴手。既然指導教授自己都出手教訓弟子了，口試委員們也不好意思再多加責難。而且，有經驗的指導教授這時候也會適時提醒大家，時間不早了，比較海派的甚至會說待會兒他作東請口試委員們到學校附近的某某餐廳便餐，幫你結束這場驚心動魄的論文口試，所以你真的要在論文的謝誌裡面，好好感謝這麼講義氣的指導教授。

　　口試告一段落之後，主席會請研究生和作記錄的同學們離場，同時關掉錄音器材，閉門討論最後的給分，以及是否需要和如何修改的問題。其實，這時候才是指導教授真正幫同學們求情的時候。有的是用哀兵策略，說這個學生其實不是很聰明，但是非常認真之類的話，讓口試委員評分的時候不好下手太重。有的是技巧性的提醒該所的給分標準，暗示口試委員可以考慮如何給分。有的指導教授甚至拉下臉來下「罪己詔」，把論文的問題攬到自己身上，無非是為了幫學生一把。這些都是研究生看不到的感人場面。當然，每位口試委員心中也都有一套自己的評量標準，論文口試陰溝裡翻船的事情也偶有所聞。不過，口試沒過通常都是論文真的出了大問題，特別是事關重大的博士論文，因此，從一開始就把論文研究做好，才是硬道理。

　　由於碩博士論文的要求條件不同，所以論文口試的結果，也有很大的不同。碩士論文比較簡單，它的要求是能運用適當的理論觀點來分析經驗世界的特定現象。所以只要能提出一個有意義的研究發問，並且能夠藉由先期文獻回顧的研究範疇界定，將它轉換成概念化的問題意識，再透過正式文獻回顧的理論耙梳，建立一組直指問題核心的

研究假說。接著利用選定經驗對象和擬定資料蒐集方法的操作化過程，檢驗研究假說的有效性，搭起經驗現象與理論觀點的分析對話，進而對最初的研究提問得出一個具有理論意涵的適當解釋，那麼這本論文，就算達到碩士學位的要求水準。最多是上述論文的相關環節，出了或大或小的問題，需要修改。所以，**理論上**碩士論文的結果是先確定該論文是否通過。若是通過，再看是否需要修改。至於修改，又分為大幅修改和小幅修改。通常大幅度修改還需要將修改結果送給口試委員審查通過後，才算通過。而小幅修改則多半交由指導教授全權處理，等指導教授同意後才能付印提交。若是不通過，就是被當掉，原則上是不能重提口試。但是**實務上**，只要碩士論文能夠遵照一般論文的體例格式，寫出三、五萬字的內容，其中不要有太離譜的事情發生，例如：大量的抄襲與不當的引文、研究方法與資料蒐集明顯錯誤，或是只有短短的幾千字等重大違失，通常也都能夠通過口試，只是口試委員多半要求程度不一的後續修改。換言之，碩士論文只要寫得出來，只要微幅修改，幾乎都能順利畢業。

博士論文就比較麻煩。雖然口試的幾種可能結果，原則上和碩士論文差不多，大概不脫**不通過**（又分「不可再提口試」，也就是「死當」，以及「可重提口試」，也就是「活當」兩種）、**通過但需大幅修改**（修改完後多半還需要送口試委員確認後才算通過）、**通過只需小幅修改**（修改完後只需指導教授確認即可）這幾種可能。**通過完全無須修改**的可能性極低，因為這好像在暗指口試委員沒有認真審查論文，所以口試委員不管怎麼說，都會想辦法挑出一些毛病來。相較於碩士論文有極高比例是只需小幅修改的通過口試，博士論文的口試結果有相當比例是**通過但需大幅修改**，甚至**不通過**。最主要的原因是博

士論文的要求極高，除了研究的廣度和深度，以及整本論文的篇幅都必須超越碩士論文甚多之外，最重要的是包括研究發問的問題意識、從文獻回顧到理論建構的概念分析、經驗對象和資料搜集的研究方法，以及經驗分析的重要發現等，都必須具備不同程度的**原創性**，使得博士論文的口試歷程備極艱辛，也讓博論順利通過的機率，大打折扣。最麻煩的事情是，有一些博士生是撐到修業年限的最後一年才提口試，甚至連休學的兩年「配額」都用掉了，所以口試結果根本禁不起大的打擊，弄得口試委員和指導教授兩面不是人。若要高抬貴手、從寬處理，會有違學術良知；若要照章行事、從嚴審查，又擔心學生承受不了；往往搞得大家人仰馬翻、雞犬不寧。國外每隔幾年就會傳出一起奮鬥多年畢不了業的博士生自殺，或是槍殺指導教授的事件，國內也偶而會聽到一些口試無法通過，研究生不甘願，軟硬兼施，甚至以死要脅「糾糾纏」的案例。所以，釜底抽薪的根本之道，還是得回到研究生自身的研究歷程和論文寫作本身。

羅馬不是一天造成的，論文也不是一夕能夠改變的。就計畫導向學習（PjBL）的精神而言，研究生應該盡可能在研究歷程的每一個階段，掌握自己的命運，而不是過一天算一天地混日子。指導教授也必須善盡責任，在研究歷程的每一個階段適時地扮演推手或吹哨者的角色。如果無法在先期研究和正式研究的階段確認研究生是否有完成論文的把握，就應該當機立斷，勸研究生放棄學業，另謀出路；或是祭出鐵腕，透過正式的考核過程，終止研究生的修業。我個人認為，對博士生而言比較理想的考核時機有二。第一個考核點是先期研究階段結束時的博士班第一年底（最晚不要超過第二年底），可以用論文計畫書的書面審查和口試（或公開發表）作為評定的標準。第二個考核

點是正式研究階段的中期，大約是博士班第二年或第三年結束時（最晚不要超過第四年底），可以用學科考／資格考（考科內容必須和博士論文的核心理論有密切關係）的通過與否，作為判定的標準。這兩個考核標準也可以用正式發表的研討會論文或是期刊論文代替。這樣子博士生進入論文撰寫的最後階段之後，才能夠大幅提升博士論文的品質，確保研究生能夠順利畢業。否則，博士生硬撐和死拖的結果，教育資源的浪費事小，虛度人生最寶貴的黃金歲月和消磨滿腔的學術熱誠，才是研究生個人和整體社會的莫大損失。適時地放手，可能才是最明智的抉擇！

口試後修改與提交論文

通常口試結果揭曉後，主持口試的主席除了宣讀分數之外，也會列出後續必須修改的項目和修改幅度。這時候，離碩士學位或博士學位只剩一步之遙，儘管這一步可能近在咫尺，也可能遠如天涯。一般來說，論文進入口試後的最後修改階段，是整個研究歷程當中最快樂的時光，尤其是當你的論文只需要微幅修改即可時，更是如此。在這個時候，不論是碩士論文還是博士論文，你需要做的事情就是在有限的時間裡，盡量修改，讓論文以最佳的狀態定稿、留存。如果你畢業之後打算從事學術工作，更要珍惜論文修改的磨鍊機會。因為將來的學術發表必然得經過同儕審查的過程，如何藉由學術同儕的審查「加持」，讓你的研究成果去蕪存菁，甚至脫胎換骨，就靠「修改」的功夫。所以論文口試委員要求的修改項目，其實正是他們集體助你一臂

之力的具體成果。如果你能參透這些看似吹毛求疵、雞蛋裡挑骨頭的要求，將可收到醍醐灌頂、經脈通透之效。你的研究功力和論文品質，必能大幅提升。然而，經歷先期研究、正式研究、撰寫論文和口試的重重考驗之後，我們的準碩士或準博士早已精疲力竭，再也提不起勁來修改論文；另一方面則是迫不及待地要往人生的下一個階段，大步邁去；男同學甚至還有等著入伍服兵役的時間壓力。所以，大部分的研究生此時都已意興闌珊。而且，在這個民智早已大開的現代社會，研究生對自己的權益更是研究得清清楚楚，知道口試委員只能就論文通過與否和給分握有生殺大權，至於論文後續的**修改建議**（而非修改要求），**僅供參考**，並無強制效力，也不能作出論文後續必須如何修改的附帶決定。就算口試委員們決議後續部分請指導教授全權決定和督促修改，如果研究生不從，指導教授也不能扣著有口試委員簽名的學位考試委員審定書，不讓同學畢業。否則，同學們可以向學校或教育部申訴。而且，保證同學們勝訴。

　　然而，如果你將來打算在大學或學術機構從事教學或研究的學術工作，那麼基於下列考量，我誠摯地建議研究生應該再投注一些時間來做論文善後的修改工作。首先，台灣的學術圈子非常小，特別是博士論文，口碑非常重要。這些參與論文口試的教授們極可能就是相關領域各霸一方的學術山頭，說不定你在找大學教職的時候還得請他們幫你寫推薦信。不要說得罪他們，只要你的論文留下不好的口碑，那麼你未來的學術道路，勢必崎嶇坎坷。其次，經過論文口試的千錘百鍊和這些學術前輩的高人指點，你在理論思考和經驗研究上的任督二脈可能就此打通。因此，你更要利用這個成長蛻變的關鍵時刻，讓你的論文由 2.0 版的口試稿躍升到 3.0 版的 Pro 級水準，進而思考如何

改寫成研討會論文、投稿期刊，或是改寫成學術專論出版。同時，你也可以利用修改論文這個回顧與前瞻的大好機會，順勢思考一下，下一個階段的研究方向與工作重點。那麼，你接下來要通往學術之路的過程，將會更加順遂。所以，口試過後千萬不要吝於付出這短短兩、三個禮拜（碩士論文）到一、兩個月（博士論文）的時間來修改論文，這筆投資絕對划算！

　　如果你的論文被口試委員要求必須作某種程度的修改，那麼口試完後第一件事情，就是盡快去找你的指導教授，確認必須修改的地方和幅度，並且共同擬定具體的修改策略。你們師徒也可以趁這個機會討論看看，是否要將論文濃縮、改寫，投稿研討會、期刊或專書發表。如果論文被要求修改的幅度並不太大，通常修改後只要指導教授看過、同意即可。如果論文必須進行大幅度的修改，但是並不需要重新口試的話，那麼你和指導教授討論完畢之後，就算口試結果並未明確要求，也可以考慮將你們共同決定的修改策略，呈報給口試委員過目，讓他們了解。論文修改完後，可依修改的幅度，再請指導教授或口試委員過目，等他們同意之後才能完稿、付印。請記得在修改稿上清楚標示重大修改的部分，或是可依據論文口試記錄的修改要項，繕打一份論文修改對照表，讓指導老師或口試委員可以清楚對照原先的問題與修改的結果。這項功夫日後在投稿期刊論文或學術專書出版審查時，還會用得上，也可趁機練習練習。

　　等指導教授或口試委員點頭同意之後，一定要多花一兩天的時間，用心修改論文的中英文題目、摘要和關鍵詞，因為這幾個項目是將來讀者瀏覽次數最多，也是最容易被發現錯誤的地方。偏偏在論文正式通過之後，研究生最容易鬆懈，甚至出現一些平常不會犯的小

錯。必要時可以請指導教授幫忙修改、確認，特別是英文的部分。論文題目不能大改，但可以微幅調整，以達到畫龍點睛的效果。此外，最後一定要做好格式、排版、校對等文書處理的技術細節。我會建議研究生找熟識的學弟妹們幫忙校對論文，最好同時請他們擔任口試會場的記錄，讓他們有機會事先熟悉口試的所有程序和論文的技術內涵，也是很好的學術傳承。若有母語是英語的外國朋友，也可以請他們幫忙修改英文摘要的部分。但是切記，不論指導教授為人多麼和善，千萬不要把他當作校對人員或是國文／英文老師，要他逐章逐句地幫你修改論文。還有，論文印好之後，記得送給指導教授和口試委員一本，感謝他們的付出與幫忙。這是做人做事的基本道理，千萬不要為了省那幾百塊錢而忘記向幫助過你的師長表達感謝之意。

最麻煩的狀況是論文口試之後，口試委員們決議必須大幅修改，而且還得重新提交口試。這種情況通常會發生在長期脫離指導教授掌控的海外博士生身上，特別是在英美念博士學位，但卻以台灣作為經驗研究對象的留學生。他們在修完課之後，就回國做田野和進行最後的論文撰寫，也許中間會回學校一兩次和指導教授討論，但主要是靠 e-mail 和 skype 作遠距指導，甚至處於「失聯」的狀態。有的博士生其實是有正職工作，特別是教育工作，只是「抽空」短暫到國外進修，一年半載之後就回到工作崗位，一邊上班一邊做研究、寫論文，有不少案例是用工作所在的教學現場作為經驗研究的田野對象，所以特別容易出狀況。這種需要大修而且必須重新口試的案例，多半是缺乏創新的理論觀點和研究設計（包括研究方法和經驗資料）出了大錯，幾乎等於「砍掉重練」。如果沒有很大的決心和毅力，包括指導教授的全力支持，一般博士生碰到這種狀況多半選擇放棄。甚至有些

比較世故的教授，是以此作為「當掉」論文的婉轉表達，希望研究生自己能夠知難而退。我的看法是，這種必須重新提交口試的論文修改，除了是一件幾乎不可能的任務之外，還會讓研究生陷入進退維谷的學術無間道。如果論文真的出了這麼大的紕漏，絕對是整個研究歷程沒有按部就班地做到各階段該有的具體成果，就貿然提交論文口試，除了研究生自己該好好反省之外，指導教授絕對也有失職的地方。甚至因此發生師生相互責怪的情況，後續也很難補救。所以，最好是在研究歷程的每一個階段都紮紮實實地做好該階段該有的成果，並且有效地轉換成論文的具體內容，而且隨時和指導教授保持連繫，免得造成無可彌補的遺憾。

・ 番後篇 ・

9

明日過後的學術出版

　　經過漫長的奮鬥，尤其是博士論文可能拖個五、六年，甚至七、八年，碩士論文也可能搞了三、四年，所以，當你拿到學位時，或許已經失去當初報考研究所時的學術熱誠。說不定，你以後再也不想碰學術論文了！其實，這也不是壞事。就像愛情，往往因為誤會而結合，因為了解而分離。或是像李宗盛的〈你像個孩子〉歌詞裡面所寫的，「工作是容易的，賺錢是困難的。戀愛是容易的，成家是困難的。相愛是容易的，相處是困難的。決定是容易的，可是等待──是困難的。」換言之，決定與學術廝守終生，並非易事，也未必是好事，畢竟不是每一個人都喜歡，或適合學術研究的工作。因此，前一章最後提到，論文口試完後的最後修改階段，剛好讓你有機會在人生重要的分水嶺上，好好地回顧與前瞻，回頭想想自己念研究所的初衷，並且展望未來的（學術）生涯規劃。

　　如果你念研究所的目標只是為了拿個學位好「加官晉爵」（找工作加薪），或者只是暫時躲避一下就業的壓力，而且未來再也不想做研究和寫論文的話，那麼口試通過後，只要將論文稍加修改，並依學校規定裝訂繳交，就可以正式擺脫從小到大的學術魔咒，大步邁向人生的新頁。本書接下要談的事情，你大可跳過不看。然而，如果你對論文研究的東西還是依依不捨，甚至有意朝向學術之路邁進，或是學

校還有論文之外的其他出版／發表規定，才能畢業，那麼你就應該在修改論文的過程中，同步思考如何將論文加以增刪修改，投稿到研討會、學術期刊，出版專書或是其他出版品。甚至你應該在一開始就將這些論文後續的學術出版，一起納入你的研究歷程當中，和論文寫作一起規劃與逐步實踐。往事已矣，來者可追！本章將進一步討論研討會論文、期刊論文、學術專書等學術出版的相關事宜，包括投稿、審查和出版過程的一些訣竅。有了這些基本認識，後續應該可以省掉不少摸索的時間和無謂的挫折。

　　此外，近年來國內研究所的學術訓練，越來越強調論文的發表，不僅自然學科領域如此，人文與社會學科亦是如此。而論文發表的場域和形式，也從研討會的正式參與（發表論文或張貼海報）和非正式參與（參加工作坊或聆聽他人發表論文），逐漸延伸擴展到學術期刊的論文投稿與刊登。特別是千禧年後這十多年來，由行政院國科會（現在的科技部）帶頭推動，獨尊 SCI/SSCI 等期刊引文索引名單論文的「i 瘋」風潮，其中還包括 TSSCI 的山寨版「i 瘋」分級指標，不僅讓大學教師在高教資源分配有限的狹隘學術評鑑制度下，人人自危；大學系所和指導教授們也將國外這套結合資訊技術與龐大商機的學術工具，套到博、碩士班研究生身上，鼓勵或要求學生必須在畢業前投稿國內外的研討會或學術期刊，甚至列入修業規定當中。要求研究生除了完成論文之外，還必須在研討會（碩士）或期刊論文（博士）上面正式發表論文，才能取得學位。我並不反對碩博士生積極參與學術活動，但是對於研究生須在研討會和期刊發表論文的修業規定，則略帶保留。尤其是研討會和期刊論文對於碩士生和博士生的訓練幫助，以及研究生在不同階段的參與方式與參與程度，也應該有所不同。

研討會論文發表

　　研討會的目的是為了建立學術交流的平台，讓相關領域的學者專家有機會齊聚一堂，就最新的學術課題與研究成果，相互交流。一般來說，國內外的各種學術研討會可以依據學科領域的範疇與研討會主題的關係，粗分為例行性、綜合性質的**學會年會**與非連續、特殊主題的**專門會議**兩大類型。

研討會的類型與選擇

　　第一大類是**學會年會**性質的學術大拜拜型研討會。許多學會在每年舉辦會員年會的同時，也會順便舉辦該領域的學術研討會。雖然這種年會型的研討會每年也會選取不同的研討主題，邀請重量級的學者進行專題演講（keynote speech），並且在這個主題之下安排或徵求相關的論文發表，但是它通常也會含納其他不同次領域的研討子題，讓不同領域的研究成果都有發表、交流的機會。例如美國地理學會（Association of American Geographers, AAG）每年在不同城市舉辦的年會，會期大約五天，每次都有上百個子題場次、數百人次的論文發表，就是屬於這種綜合性質的學術研討會。台灣人文與社會科學各領域的學會，例如：文化研究學會、台灣社會學會、中國地理學會等，每年也會舉辦年會暨研討會。有些領域相近的學會，還長期聯合舉辦年度的研討會，例如：中華民國都市計畫學會、區域科學學會、住宅學會、地區發展學會的聯合年會暨論文研討會。

　　第二種類型的研討會是特殊主題的**專門研討會**，有可能是一次性

的或是持續性的。它通常是特定研究領域或是跨領域性質的研討會，由一群來自全球不同區域或學術領域，但是對相關議題有共同興趣的學者所籌辦的研討會，也有可能是某些系所或某個領域對於所關注的特定議題，偶一或持續性地舉辦研討會。例如：經濟地理國際研討會（Global Conference on Economic Geography）隔年舉辦，2015 年為第五屆；社會科學跨領域國際研討會（International Conference on Interdisciplinary Social Sciences）2015 年已經舉辦到第十屆；以及由台大國家發展研究所等十幾個系所共同主辦的發展研究年會，2014年已辦到第六屆等等。另外有一些系所也會定期或不定期舉辦相同主題或不同主題的研討會，例如師大地理系已經連續舉辦過將近二十屆的台灣地理學術研討會，但是每年主題不同；世新大學社會發展研究所從 2008 年開始，曾經連續三年與苦勞網合辦勞工研究研討會等等。

　　據我觀察，有越來越多的國內外研討會採取「一條龍」的操作模式，將研討會、工作坊和學術期刊或專書合輯的出版，結合在一起。他們會先針對特定主題，以主動邀集與公開徵文的多元方式，挑選出一群研究主題相近但研究課題各異的論文，再藉由一次或連續兩三次的研討會公開發表或工作坊的半公開討論，有計畫地推動特定主題的期刊專刊或論文合輯的學術出版。我自己曾經實際參與（發表或評論）的這一類研討會包括：女性與男性研究全球研討會（Global Conference on Femininities and Masculinities, 2014 年已辦到第四屆 FM4）、亞洲全球研究學會研討會（Asia Association for Global Studies Conference, AAGS, 2014 年已辦到第九屆），以及由中研院亞太研究中心所舉辦的「日常生活的政治：區域研究的微型場域」研討會等，都是

結合論文研討與學術出版的**整合型研討會**。看來這是學術研討會的最新發展趨勢之一。

到研討會發表論文是快速熟悉相關領域學術圈的有效捷徑。國內外各個研討會接受發表的審查標準寬嚴不一。一般而言，人文與社會科學領域的研討會較少涉及科技新知或特殊專利等商業利益，多半只要在大會規定的期限內提交論文摘要，並完成報名手續（有些研討會還包含所費不貲的註冊費，可能從數千元新台幣到一萬多塊！），通過發表審查的機會很高。比較嚴謹、細緻的研討會，還會設置評論人或與談人，必須在研討會召開前一定時間內繳交或上傳論文全文。否則，大部分的研討會只要在現場口頭宣讀論文（配合簡報投影片）即可，大家也只是現場聽聽，快速地吸收一些新知，有興趣的私底下再彼此交換訊息。有些大拜拜型的研討會，可能有十幾、二十個場次同時進行，所以每個發表人分配到的時間非常有限，大概只有十～十五分鐘，加上評論與討論，平均不會超過三十分鐘。有些場次甚至是三、四個發表人共用半小時左右的討論時段，論文發表的時間就更緊湊了。所以，到研討會發表論文的一些重要考量包括：你的論文主題與研討會主軸是否契合（設定你的學術領域）？主要的參與對象是哪些人（你希望講給哪些人聽，你希望聽到哪些人發表的論文）？論文發表是使用中文、英文或其他語言？國家或地區的遠近？費用高低（包括註冊費和交通、食宿等相關費用）？是否安全便利等等？

究竟該到哪些研討會上發表論文？最簡單的方式就是依據使用語言和地區遠近，分成**國內研討會**和**國外研討會**，或是分成**台灣、亞洲、歐美**和**其他地區**的研討會。由於國內的學術研討會多半不收取費用，甚至還有免費的餐飲可享用，建議研究生可以考慮先在國內的研

討會中發表，熟悉研討會的整體環境之後，再考慮到國外的研討會中發表。就算你要發表的是英文論文，也有可能在台灣找到適合發表的國際學術研討會。另外一種折衷方案就是選擇中國大陸、日、韓和東南亞等離台灣較近的研討會，不論在學術社群、時間、費用和便利性等各方面考量上，都還不錯。如果你準備到歐美，甚至南美、非洲等地的研討會中發表，就必須考量相關費用和其他問題。幸好，科技部和各大學都有補助研究生（博士生）出席國際研討會的辦法，一般研討會也會針對研究生訂定較低的註冊費，只要事前多加留意，應該不難找到出席研討會的補助。對於國際學術研討會有興趣的研究生，可以上網查詢一個名稱叫做「世界學術研討會提醒」（Academic Conference Worldwide: Conference Alerts）的資料庫網站，網址是 http://conferencealerts.com。它會依照人文與社會科學、區域研究、商學與經濟、跨領域研究、數學與統計、物理與生命科學、教育、健康與醫學、工程與技術、法律、動物科學等學術領域劃分，列舉未來一兩年內最新的國際學術研討會資訊並提供超連結的網址；也可以按國家別查詢在世界各地所舉辦的學術研討會，非常好用。

　　一般學術研討會的單元內容包括專題演講（keynote speech）、論文口頭發表（papers/oral presentation）、論壇（forums）、工作坊（workshops）、海報展示（posters）和結合考察與觀光的各式參訪活動（field trips）。而研究生最常被系所要求參與的研討會單元，就是口頭宣讀的論文發表（自然科學領域則包含論文發表與海報展示）。有的研討會還會設置研究生專屬的論文發表場次（student sessions），甚至舉辦優良碩博士論文的競賽項目，成效褒貶不一。我個人認為碩士生和博士生的論文研究，應該依據不同的階段性目標與研討會相互

連結，才是學術扎根的長遠之道，而不是一味地要求研究生一定得在研討會上發表論文。

將碩士論文「濃縮」的研討會論文

　　首先，我認為**碩士生不宜**在未完成論文口試之前，就**貿然到研討會上發表論文**。關鍵在於我們如何看待研究所訓練和研討會之間的關係。贊成並鼓勵（甚至強硬規定）碩士生在學期間就到研討會歷練的教授們所持的理由是，到研討會發表有助於碩士論文的撰寫。問題是，對於碩士生而言，到學術研討會上發表論文究竟是研究所訓練的一環，還是研究所畢業之後才有資格參加的專業學術活動？我個人是抱持保留的態度。從研究所碩士班的學習歷程來看，究竟怎麼做才對碩士生的研究訓練有所幫助？

　　由於碩士的修業期間只有短短的兩年（英國的碩士學位甚至只有一年），除非一入學之後就馬不停蹄地展開研究，甚至入學前就想好要研究的主題，而且要有相關課程的訓練配合和指導教授的從旁協助，否則很難在碩士班一年級時就到研討會上發表論文。而且，研討會投稿的摘要審查通常都是在會期的半年前就截止收件，除非碩士生在大學階段就熟悉研討會的內容與形式，要不然在毫無經驗的情況下，而且是研究所一入學之後就要馬上備妥論文題目與摘要的投稿動作，這幾乎是不可能的任務。到了碩士班二年級的時候，整個論文正在如火如荼地進行著，這時不論是在上學期時的正式研究階段或是下學期的論文撰寫階段，都正處於「當局者迷」、「見樹不見林」的混沌情境當中。在論文本身都可能難產的情況下，要碩士生從論文中抽

身去寫一篇論文，哪怕是要他們從尚未填滿的論文草稿當中節錄部分文字出來，恐怕都有相當難度。在一根蠟燭兩頭燒的情況下，極可能研討會論文和碩士論文兩頭落空，對碩士生的寫作信心和研究熱情，可能都是極大的打擊和挫折。更重要的是，碩士論文多半屬於習作的性質，主要是運用既有理論去分析特定的經驗現象。因此，除了經驗資料的分析案例外，比較不容易有顯著的學術貢獻。而且，絕大多數的碩士生都是生平第一次寫論文，在「研究學步」都還走不穩的情況下，要他們到研討會上發表論文「賽跑」，難免跌跌撞撞。

這些年來我就看過不少碩士生在研討會上被教授「修理」的慘狀，實在令人不忍卒睹，也為研究生們叫屈。試問，當一名碩士生還沒通過碩士論文口試的試煉，要他們站到研討會台上和立足點大不相同的教授同台較勁、相互切磋，結果可想而知。除了有些教授宅心仁厚，抱持鼓勵學生的立場，非常婉轉地評論這些尚未達到碩士論文草稿程度、漏洞百出的文章之外；其他比較嚴格的學者在會場上狂批猛電碩士生的場面，更是屢見不鮮。更糟的是，這些溫馨鼓勵或是震撼教育，看在台下聽眾的研究生眼裡，究竟會產生什麼樣的「示範效果」呢？

如果教授們說得太委婉，台上和台下的研究生可能誤以為這些失敗的例子就是學術論文該有的模樣，反而學錯、學壞了。如果教授們批得太嚴厲，又會嚴重傷害到研究生尚未豐厚的學術羽翼，讓他們日後裹足不前。這些年來我發現有一些教授越來越不喜歡參加國內的學術研討會，包括我自己在內，特別是參與主持或評論有碩士生一同發表論文的場次。有時候整個研討會加起來可能有超過三分之一到近半的論文是由碩士生所發表的。這樣的研討會，它的負面效果可能遠大

於它的正面意義。因為碩士生的學術底子真的還不夠厚，讀的書也不夠多，有時候教授認真閱讀後所提的一些深刻的好意見，發表的碩士生聽得一頭霧水，反而擦撞不出研討會該有的火花，浪費了大家的寶貴時間。因此，與其揠苗助長地強迫還沒準備好的碩士生到研討會上接受震撼教育，還不如等他們論文完成，口試通過之後，藉由修改論文功力大增的機會，重新審視自己的研究，並且從中萃取出論文的精華部分，改寫成研討會論文，嘗試發表。至於尚未口試前的研究生階段，我認為可以循序漸進地先廣泛參與各種研討會場次，聆聽學者專家的論文發表或相關的工作坊、圓桌論壇等，等到論文口試通過之後再正式投稿研討會論文。由於國內的碩士論文大概有五、六萬字的篇幅，要從已經完成的碩論中刪節出一、兩萬字左右的精簡論文，相對容易，研討會論文內容的洗練度，也會大幅提升。而且，碩士論文口試過後才到研討會發表的時程安排，還有一個沉澱、釐清的銜接作用——碩士畢業生可以藉此檢視自己對於學術研究的熱情程度，是否值得或適合繼續朝向學術領域發展？

也就是說，如果你論文口試過後兩、三個月或半年之內，還對研究的議題念念不忘，想進一步修改成研討會論文或是期刊論文和學術同儕分享，那麼這時候可能才是到研討會發表論文的成熟時機。一方面你的研究功力和論文寫作能力已經經過口試考驗和修改論文的淬鍊精進，這時再一次濃縮、修改之後，整個論文的思想密度和邏輯的嚴謹性，都會更加提升。另一方面，碩士畢業生也可藉由研討會

的發表場合，檢視自己的研究成果是否能夠引起其他學術同儕的共鳴。就算發表的結果只是差強人意，也算是對自己和指導教授有所交代。如果發表的結果有教授肯定、鼓勵，甚至大加讚揚，那麼你就可以加入在研討會搜集到的回饋意見，修改後投稿期刊。值得提醒的是，將碩士論文改寫成研討會論文或是期刊論文的方式，可以用本書前面提到過的「From CNN/BUS to TAKSI」的分析閱讀策略和整合筆記技巧，將篇幅較長、相對絮叨的碩士論文，以 Espresso 的**濃縮萃取**方式，改寫成結構嚴謹、條理清晰的研討會論文或期刊論文。

為博士論文「發泡」的研討會論文

其次，對於博士生而言，我認為應該**鼓勵博士生參加研討會**，讓他們在就學期間可以依據博士論文的基本架構和先期研究、正式研究和撰寫論文各階段的關鍵產出，分別以現象初探的問題意識、理論學說的分析評述，以及理論－經驗的整合研究，撰寫成自成體系但相互關連的論文初稿，先在研討會中發表，然後再組合成結構完整，兼具廣度和深度的博士論文。前兩篇奠定博論基礎的論文可以在博士班二年級至四年級期間，先選擇國內的研討會中發表。第三篇有關論文研究的整體發現則可以等到博士論文口試通過後，再到國際研討會上發表。這樣可以讓博士生逐漸熟悉未來學術工作可能密切互動的國內外學術社群，並且一而再、再而三地反覆檢核，究竟自己喜不喜歡或適不適合在學術圈裡討生活。指導教授甚至可以依據研究所要求博士生在畢業前必須投稿期刊論文的修業規定，以研討會作為博士論文和期刊論文的銜接橋樑，為博士生擘劃一個進可攻（期刊論文）、退可守

（博士論文）的研討會發表計畫，讓看似遙遙無期的博士班階段，有一個以研究歷程為階梯，用研討會當平台的階段性目標，循序漸進地完成論文，並且無縫接軌地展開博士後的學術生涯。換言之，有鑑於博士論文的規模與複雜度，博士生可以用 Cappuccino 的**醞釀發泡**方式，依據研究歷程的三大階段（先期研究、正式研究和論文撰寫階段）和各階段的關鍵產出（論文計畫書、文獻評述與研究發現），將博士論文的內容拆解為不同子題的研討會論文，最後再擴大、銜接為一本完整的博士論文。

最後，我甚至主張，如果研究所一定得要碩、博士生在畢業之前都到研討會上發表，那麼我建議指導教授應該作為共同發表人，一起出席，接受評論人和台下聽眾的公評。這樣才會有基本的品質控管。而不是把指導論文的責任丟給研討會的評論人，讓他們變得裡外不是人。正所謂「面子是別人給的，臉是自己丟的」，如果指導教授真的覺得自己學生的論文已經夠格到研討會上發表，就要有膽一起出席接受檢驗。指導教授可以坐在旁邊讓研究生練習發表，只要適時地加以補充即可，這也是難得的機會教育。否則，「不教而殺，謂之虐」，至少得把論文的品質提升到一定的程度，才能夠鼓勵或要求研究生到研討會上發表。

投稿學術期刊

有嚴格審查制度的學術期刊是創造科學新知與增進學術交流最重要的專業平台與傳播管道，尤其是自然科學的各個領域，早已建立一

套以實證科學假設演繹法為基礎，用英文作為寫作工具，以及以同儕匿名審查為原則的論文發表程序。除了不同領域之間因為研究對象的特殊性而有些許論文格式的技術差異之外，這些科學期刊的基本特性幾乎如出一轍。在人文與社會科學方面，國內外的學術期刊也有相當長的歷史，儘管同樣遵循上述科學期刊的一些基本原則，但囿於特定領域的學術傳統，不同學科和不同期刊之間的差異頗大。因此，如果你想將學位論文改寫為期刊論文投稿，必須先了解和確定你打算投稿的學術領域和特定期刊的基本特性，這樣子才不會誤踩地雷。

　　首先，你必須先決定，你的研究論文究竟該歸屬於哪一個領域？是傳統的學科領域，特定的新興研究範疇，或是一般性的跨領域研究？它們各有各的學術地盤和論文規矩，也有一群相對死忠，自視為圈內人的投稿者、審稿人和讀者。如果你無法判別或下定決心，自己的論文究竟歸屬於哪一類的期刊領域，或許你可以從你平常閱讀或論文引述的期刊當中，找尋出現篇數最多或是你覺得最對味的期刊，以此作為投稿的目標期刊，裡面可能有最多你想與之對話的學術同儕。相對的，他們也最有可能對你論文研究的主題感到興趣。當然，如果你在乎學術期刊的影響力排名，也就是以期刊論文被其他論文引用過的次數除以期刊論文的篇數所得到的「影響參數」（Impact Factor）加以衡量，參數越高表示影響力越大，你可以優先考慮投稿影響參數較高（理論上審查會比較嚴格）或較低（理論上相對容易通過審查）的期刊。

　　其次，你應該稍微研究一下鎖定投稿之目標期刊的相關論文，它們在基本格式、論文作者、研究主題、文獻範疇、分析取徑和敘寫風格上，有沒有一些明顯的模式。這並不是要你刻意去迎合特定期刊的

癖好，而是要幫助你釐清相關的學術脈絡是否適合你的論文（或反
之）。我就曾經投稿過某個期刊，回來的審查意見也還算不錯，但是
審查的結果是不予採用。其中一位審查委員在審查意見中還很清楚地
指點迷津，建議我改投另外一本學術領域相近但研究取徑截然不同的
期刊。我照做之後，果然就順利刊登，我才逐漸明白其中的「眉角」。
所以，有時候不完全是論文好壞或研究結果的對錯問題，而是能否和
相關的學術社群有效對話？說得更直白些，一般而言，不同的學術期
刊背後都聚集了一群研究領域重疊或研究取徑相近的學者專家，包括
前後期的期刊主編、編輯委員、審查人（其中有不少是過去曾經在該
期刊上發表過文章的學者）等，並不是說這些人把持了期刊，而是他
們之間有某種長期以來建立的學術默契，主導著學術期刊的走向。因
此，除非你有意衝撞既有的體制或試圖踢館，否則，投稿到學術取向
明顯不合的期刊，只是給自己找麻煩而已。

　　第三，撇開一些寫作細節和研究步驟不談，例如題目是否適當描
述論文的內容？論文的組織與結構是否嚴謹？文句是否簡潔、流暢？
取樣是否適當？變項有無適當控制等等，一般學術期刊審查的實質重
點包括：研究主題是否具有原創性、學術價值或社會意義（它反映在
論文題目、研究背景及其重要性的緒論引文當中）？研究問題是否清
晰明確（它反映在概念化的問題意識上面）？文獻評述與理論觀點的
批判回顧是否允當（它反映在重要文獻的具體回顧，理論觀點與分析
架構的有效釐清，以及研究假說的建立上面）？研究方法是否適當
（它反映在研究設計的合理性、研究對象的適切性，以及研究程序與
步驟的周延性上面）？研究發現是否具有重大意義（它反映在研究發
現的分析推論、經驗與理論的相互呼應，以及相關發現的理論貢獻與

實務啟發上面）？其實，期刊論文的審查重點和學位論文並無太大的差異，都是實事求是地檢驗假設演繹法的五大基本要項。唯一的差別是學位論文是學術訓練的習作，期刊論文是學術專業的成品。所以後者的篇幅不大（中文大約是 15,000 ～ 20,000 字之間，英文是 10,000 ～ 15,000 字之間），但是內容資訊卻相當龐大、複雜，而且段落與文句之間的語意明確、邏輯嚴謹。學術新鮮人若能掌握期刊論文的這些重點（這些只是技術問題），加上論文研究的主題與內容真的「有料」（這才是核心關鍵），那麼要將學位論文改寫成期刊論文，獲得審查通過刊登的機率，必能大增。就算剛開始投稿時遭受到一些挫折（其實大多數學者也都有過類似的經驗），由於技術問題基本上並不是問題，只要一次又一次地修改（包括被退稿後，依據審查意見修改，再改投其他期刊），就可以克服，相信你自己也能逐步摸索出投稿學術期刊的論文寫作 SOP（標準作業程序）！

論文審查的寫作要訣

有一個與期刊論文相關，但甚少人提及的問題——那就是期刊論文的審查意見，究竟該如何撰寫？恐怕這也是困擾著許多教授，卻不知該如何啟齒的「無名難題」！儘管學術期刊的編輯委員多半都會列出他們建議的審查重點供審查委員參考，甚至直接劃定評分項目請審查委員逐項填寫，但是我發現這些建議審查的項目內容往往過於細瑣，卻未必觸及學術評論該有的一些基本守則。所以，我試著從自己這些年來受審與審查論文的經驗中，包含科技部的專題研究計畫審查

和研討會的論文評論，在不同期刊各別要求的審查重點之外，歸納出一個簡單的五段式論文評論格式，供讀者參考。

　　1.**整體評論**。首先，評論人一定要先拋開不同學派的門戶之見，站在作者的立論角度看問題。在這個大前提之下，才有可能深入討論論文的具體內容。所以，審查意見一開始，必須先以概述自己研讀整篇論文之後，所理解到的整體論文內涵（也就是評論人自己重做的摘要），並據此評論論文的整體優缺點，作為審查意見的基本立場。它可能與作者在論文摘要「宣稱」的內容類似，但也能有相當大的出入，用以顯示評論人確實有掌握到論文的精髓（這也是期刊主編據以判斷審查意見是否有效的參考依據）。接下來的評論，不管是褒是貶，才能讓作者心服口服。千萬不要直接剪貼論文摘要上的文句，否則，雖然形式符合，卻可能落入沒有用心的口實。

　　2.**具體意見**。其次，審查人可以依據論文的章節架構——例如：問題意識、文獻評述、研究方法、研究發現等——用理論洞見、邏輯關係、文獻資料和分析推論等具體檢核事項，進一步說明究竟這一篇論文哪裡好或者哪裡不好。如果論文還有除了研究內涵之外的其他問題——例如：相關概念或名詞的定義模糊、論述架構不佳、資料來源不齊、敘寫風格有待商榷等技術問題或寫作細節，也可以逐一條列說明。

　　3.**修改建議**。在詳述論文各部分的重大問題之後，審查人應該盡可能提出具體的修改建議，特別是在**合理範圍之內**有效調整論文的修改策略。即使論文的問題嚴重到必須「砍掉重練」（也就是可能一開始就問錯問題或是用錯理論），審查人最好也給予充分的說明，可

以從什麼樣的問題面向或理論觀點，重新審視相關的研究課題。

4. **其他評論**。如果審查人對於論文有明顯不同於作者的立論觀點，可以在這個時候提出。這表示審查人試圖挑戰論文作者的基本前提，如果情節重大，而且言之成理，它有可能徹底推翻論文的學術價值。當然，作者也可以據理力爭，加以反駁。將觀點歧異的立場之別，在此單獨提出來的好處，是可以避免審查過程中雙方你來我往、脣槍舌戰，卻落入雞同鴨講、各說各話的窘境。就算二者存在基本立場的重大歧異，把它挑明了，也有助於第三者的仲裁。這是學術審查最不希望看到，卻經常碰到的問題。尤其是在台灣的學術圈，從研討會、期刊論文到科技部的專題研究計畫，往往屢見不鮮，就是因為審查人已經有了成見，卻不明說（或者自己也不清楚），只好在一些問題不嚴重的技術細節裡雞蛋挑骨頭，搞得作者一頭霧水，不知如何修改。其實這是審查人的問題，而不是論文本身的問題。

5. **綜合結論**。若能有效釐清上述幾項審查意見，最後審查人就可以綜合判斷並作成結論。我會建議盡可能用肯定的語氣說明，這篇論文究竟可否直接刊登或是直接退稿，或是需要哪些程度與面向的修改之後可接受刊登（小修）或重新審查（大改）。我相信，若能掌握這些審查意見的撰寫要訣，教授們的學術功力，也會在自己的研究主題之外，觸類旁通，快速增進。

期刊論文共同作者的排名問題

此外，有關學位論文投稿期刊的作者排名問題，也常困擾研究生

和指導教授，甚至造成師生之間的緊張關係，值得稍加討論。特別是近年來「學術倫理」逐漸受到重視，以往指導教授剝削研究生做計畫，或是將研究生的論文成果據為己有等不合理狀況，已經越來越少。但有些研究生不明就裡，或是過河拆橋，以為學位論文的成果理所當然是歸屬於研究生，其實，也不盡然全對。因為碩博士論文的生產過程是處於某種灰色地帶，只有研究生和指導教授兩造當事人清楚，究竟是研究生自己自立自強，還是指導教授充分掩護，才有論文的研究成果？甚至兩人的認知，完全不同（都覺得是自己的創見，對方只是順著這個思維加以延伸而已）。加上將學位論文改寫成期刊論文的過程中，指導教授究竟是只有動口提供意見，還是捲起袖子親自動手撰寫，都讓論文發表的作者排名，產生父子騎驢的窘境。

　　我認為特殊情況除外，一般而言最簡單明瞭，也最合乎學術倫理的期刊共同作者排名做法是：若是**碩士論文改寫**而成，那麼指導教授為第一作者，碩士（畢業）生為共同作者；若是**博士論文改寫**而來，博士（畢業）生為第一作者，指導教授為通訊作者，理由如下。**在正常情況下**，碩、博士論文絕對是研究生和指導教授相互激盪與共同努力出來的學術結晶，所以當它被改寫為期刊論文發表時，兩人共同掛名作者，也是天經地義的事情。但是也有少數教授或學生在未知會對方的情況下，就以自己的名義擅自發表，姑且不論是否有違學術倫理，光就**道義**而言，就說不過去。在碩論改寫為期刊論文的情況下，由於碩士生不論就理論深度、研究經驗或寫作功力而言，都需要大量仰賴指導教授的仔細指導，甚或是由指導教授直接取而代之，因此由指導教授作為第一作者，絕對合乎情理。至於博士論文改寫為期刊論文的情況，由於博士論文首重原創性，而且它在理論探究與經驗分析

的深度和廣度都超越碩士論文許多，沒有相當的投入和長期的耕耘，絕對無法竟其功，而且通常是博士生的付出相對較多，加上博士生畢業之後，還真的需要這些學術出版作為進入學術圈的敲門磚，當老師的當然也有必要藉此拉拔學生一下。因此，讓博士生作為第一作者，指導教授作為通訊作者，應該也是情理兼顧的允當做法。

最重要的是，論文投稿期刊的成敗關鍵，往往還關係到如何回應審查意見和有效修改的技巧，這也是剛畢業的新科碩博士亟需學習的重要功課。師生共同投稿期刊，剛好可以當作論文指導的售後服務，或是研究生在畢業之後，邁入學術工作之前的在職訓練，提升碩博士畢業生日後在學術領域的成長速度。

出版學術專書或其他出版品

在過去，將人文與社會科學領域的學位論文改寫為學術專書出版的風氣，並不普遍。但是這些年來似乎有些轉變的跡象，包括科技部和教育部，都有補助和獎勵年輕學者將博士論文改寫為學術專書出版的專門辦法。加上有越來越多大學正式成立專門的出版中心，積極推廣學術專書的出版，使得研究生，特別是博士生，必須正視學位論文出書的可能性或必要性。我認為，有心的研究生應該在論文寫作的過程中，就以此作為目標。尤其是博士論文，它與學術專論不論在主題內容、篇幅和讀者群等各方面，都相當契合。理論上，品質優良的博士論文和品質特優的碩士論文，都應該具有出版學術專書的潛力。指導教授也可以多加鼓勵和督促，這對博士生畢業之後的學術生涯，助

益甚大。一方面，學術專論的出版等於直接肯定博士論文的品質，對於找尋教職或其他學術研究相關工作，可以說是大大加分，甚至「保送」；另一方面，學術專書在可讀性上的要求，遠遠超過博士論文。因此，在改寫論文的過程中，可以進一步磨鍊專業水準的學術寫作技巧，也有助於日後的學術工作。

　　以我自己為例。我有幸在博士論文口試前的最後階段，得到學妹的邀約，一起將我們的博士論文改寫成一本學術專論出版。她是劍橋大學畢業的高材生，和我同一個指導教授。雖然比我晚一年進倫敦政經學院，卻比我早半年畢業。當時她聽了我在系上博士生年度論文發表會上的報告後，覺得我們的研究主題相當契合，就主動邀我一起寫書。我們考慮到自己尚無名氣，出版社可能不願意冒險合作，所以我們又找了指導教授共同參與。經過幾次討論，我們針對這本專書的相關領域進行簡單的市場調查，並製作一份簡單的企劃書，載明本書的主題、作者的背景、相關著作的出版情形、本書的賣點、包括圖書館與個別讀者在內的可能市場及目標讀者群，以及章節內容的概述和工作進度等，向英國的出版社正式提案。也很幸運的得到 Prentice-Hall 出版集團旗下的 Pearson Education 出版社的青睞，在 2001 年出版了 *The Secret Life of Cities: The Social Reproduction of Everyday Life*（by Helen Jarvis, Andy C. Pratt and Peter Cheng-Chong Wu）一書。最有趣的是，在簽訂出版合約之後，出版社給我們一份他們內部專用的〈出版寫作的黃金守則〉（The Golden Rules for Writers），雖然只有短短的三十多頁，裡面卻詳載了從拼字、文法、標點符號、修辭、引文、註解、字句格式到編輯、校對用語與符號等寫作、編輯的重要細節，讓我充分見識到學術出版的專業水準，也對我日後的學術寫作，

助益頗大。[29]

　　除了學術專書之外，學位論文也有可能改寫成其他科普或非學術性的出版品，視論文研究的主題而定。如果研究生在展開論文研究之前，就先預想或規劃一下論文轉換成其他出版品的可能性，甚至可以倒過來以論文研究作為手段，蒐集相關的撰寫素材並進行研究。就像為了拍攝電影（包括紀錄片和劇情片）所做的研究考據，它本身就是一個很好的學術研究課題。這樣的結合，會讓原本就對相關課題充滿興趣的研究生變得更加熱血，對於研究歷程和論文寫作的各種挑戰，也就不以為苦，甚至為了求好心切而不斷自我剝削。這樣子的話，就算指導教授放牛吃草，論文的品質也不會有太大的問題。所以，問題還是回到本書最初所談的 3P/H$_2$O 命題。如果你對事情有熱情，肯用腦，而且還有計畫性，那麼，即使是冷冰冰和硬梆梆的學位論文，也有可能變成熱賣、暢銷的出版品！

29　對此有興趣的讀者，可參閱 Oxford University Press (2005). *New Hart's Rules: The Handbook of Style for Writers and Editors.* Oxford; Oxford University Press (2005). *New Oxford Dictionary for Writers and Editors: The Essential A-Z Guide to the Written Word.* Oxford; Strunk, William Jr. and E. B. White (2000). *The Elements of Style.* New York: Penguin Books 等書。

回首來時路

　　拉拉雜雜說了那麼多該如何做研究、寫論文的經驗談，再回首從念大學、進研究所到回學校教書，這一路走來的點點滴滴，偶而也不免嘀咕，如果時間倒轉，再重來一次，我還會這麼選擇嗎？就算事情不變，我真的能夠按照自己書中所說的，那麼有條不紊地規劃和執行論文研究的每一個步驟嗎？有時候，我自己也覺得好笑。

　　表面上，我所選擇的系所都是最熱門的科系和研究領域，從經濟系、企研所、休閒研究到都市研究，似乎都是符合時代浪潮的顯學。但實際上，當初我之所以選擇這些科系，都和當時我偷偷喜歡的女生有關。或許是她們無心的一兩句話，卻被我當成一回事地勇往直前。以前覺得這是很丟臉的事情，從來都不敢正大光明的說出來，還很阿Q地編出一堆冠冕堂皇的道理來唬弄家人和親友。但是年歲漸長之後，我反而覺得年少時的這些決定，是件幸福的事情。就算當初的決定是錯的，那也是一連串美麗的錯誤！

　　先說大學聯考選填經濟系的原因，那是因為我有一個從小學就喜歡的同班同學。國中之後因為男女分班就沒有連繫，偶而在路上碰到也不好意思打招呼。後來斷了音訊，直到高一時有一天突然收到一封國外寄來的英文信，才知道她在國三時舉家移民國外。在通信的過程中，自然也會聊到將來大學要念什麼科系？那個年代男生的第一志願

不是醫學院就是電機系，人才濟濟的建中更是如此。那時受到建中社會組班刊《涓流》的「蠱惑」，說什麼我們可以聘請外國工程師或給洋人看病，但是治國的大事得靠自己之類的話。所以，我在信中有聊到，高二分組時想選社會組。她回信說美國一流的社會科學人才，不是念法律，就是念經濟。我覺得涉訟即凶，念法律實在沒有什麼建設性，因此，我大學就選填「經世濟民」的經濟系。

　　其實，我的個性並不是那種感時花濺淚，恨別鳥驚心的「文青」類型，儘管偶而會呈現出憤世嫉俗的「憤青」模樣，但本質上是一個不折不扣的「陽光少年」。大學四年每天打球、逛街，暑假就坐在操場邊上看些雜書，把自己曬黑，看草長高，過得很是逍遙。大四時看上一個還滿活潑的學妹，約了出來。沒想到在新公園（現在的二二八紀念公園）的露天音樂台前，她侃侃而談暑假要補托福、考 GMAT，大學畢業之後打算到美國念 MBA，還計畫留在美國工作、申請綠卡等等，然後問我這個作學長的有什麼生涯規劃？我當場傻眼，我從來沒有想過這些人生的大問題，我當時甚至連什麼是 GMAT 或 GRE 都還搞不清楚。當然，我們就只約過那麼一次會。為此，也因為捨不得那麼早就結束如此美好的校園生活，所以我就抱著賭賭看的心態準備國內的企研所考試，沒想到讓我矇上，竟然成為我們那屆台大經濟系唯一應屆考上國內企研所的同學。念研究所時，有一次暑假大學同學聚會，其中有一位我頗心儀但不敢高攀的女同學，她大學畢業之後到美國念建築，趁暑假回台度假。閒聊時她告訴我，她覺得有一個新興領域非常有趣，那就是休閒研究。所以後來我去英國念休閒研究，乃至於轉念都市研究，其實都跟她那天的談話有關。換言之，我從念大學以來的整個學術歷程，只能用「既瞎又扯」來形容！

　　然而，我之所以敢在這裡將自己這些羞於見人且難以啟齒的事情公諸於世，一方面是為了**去神祕化**，以此戳破有些看似義正辭嚴、冠冕堂皇，實則只是為了配合當局政策或迎合社會潮流所做的一些學術研究。比起那些惺惺作態的學術政治，這樣的學習動機反而更真誠些。另一方面，則是為了揭櫫人文與社會科學的最大特徵——科學始終來自於人性的**人性科學**（humane science）特性。因此，當我獲得博士學位，正式展開教學與研究的學術生涯之後，我所做的研究也都是和我生活世界切身相關的一些日常課題，是自己真正在乎、感動，也希望別人能夠理解、同樣感動的事情。我再進一步思索，也逐漸理解到，我之所以敢勇於追求這些看似膚淺幼稚的理想，其實是在從小到大的學習過程中，受到許多師長的啟發。我也很慶幸能夠遇到這些在世俗眼光裡或許並非「好老師」的師長，是他們的啟發讓我從一個乖順聽話的好學生變成批判、有創意的理念人。幾年前的教師節前夕，我還特地撰文投稿報紙反省自己這些年來從「乖學生」變成「好學生」，再從「好學生」變成「問題學生」，最後變成「林老師」的成長蛻變過程，為的就是要感謝這些讓我啟蒙的師長們。下面我就引述當初投稿的文章內容，特別是放回報社擔心引起誤會而刪去的老師姓名，作為本書的結論。也祝福有志於學術研究的年輕學子們，找到學術的真愛！更感謝那些敢退一步，讓學生海闊天空的「林老師們」！

教師節懺悔錄：
是誰，害我變成林老師[30]

　　我不姓林，但同學們私底下都稱呼我「林老師」，聽說這是台灣近幾年來最夯的問候語之一，專門用來問候不騎機車的「機車族」。今年教書屆滿十年，學校依例還頒獎表揚，更讓我羞愧不已。今日適逢至聖先師孔老夫子誕辰，也是一年一度的教師節，但是它早已從國定假日的名單中剔除，變成只紀念不放假的冷門節日，可見春風化雨的教育大業在台灣的重要性已經大不如前，這都是我輩們的過失。因此，我決定借用貴報一隅條列幾項個人的教學疏失，除了向同學們鄭重道歉之外，也提供給其他師長們參考。

　　首先，我經常身穿短褲、T恤和涼鞋去上課，而未著西裝、皮鞋（至少要穿格子獵裝和氣墊鞋）等良師名仕的標準裝扮，實在有損大學教授的典雅形象。其次，作為任課教師（常常還兼任導師），我總是無法牢記每位修課同學的名字，平時也沒能和同學們打成一片，只會一廂情願和不切實際地在制度上為同學爭取各項權益，無法讓同學們感受到教師的關懷。這些還不是最糟的，頂多是我不適合擔任教職的性格缺陷；不幸的是，在課堂上我不懂得「有教無類」和「因材施教」的教育原則，無視於同學們在大學四年內要取得雙主修學位加上

師培、專業學程等證照資格的課業壓力（碩士班同學則是要在留職留薪、每週到校一天的情況下，在兩年內修完學分和完成論文），老是選用不是教科書的英文教材。還要求同學們課前必須預習、上課必須踴躍發言，連偶一為之的期末考試都要同學們自己平時建立題庫；卻沒有幫同學們將課文重點整理成圖文並茂的電子講義，也從不點名，甚至學期成績還放任同學們「自我評量」。認真和不認真的同學都罵聲連連，直呼「不公平」。同學們好心勸我：一個認真負責的「好老師」應該確實點名、記住每位同學的名字，讓同學們不敢蹺課。盡可能選用中文教材或是條理分明的英文教科書，然後把課程內容整理成容易理解、方便記憶的 PowerPoint，嚴格考核同學們的課堂表現，並且貫徹考試領導教學的測驗評量，這樣子他們才能克服自己的惰性，把書念好。

可是我回頭想想，從小到大我也一直都是師長們眼中品學兼優的好學生，我卻一點都記不起來那些「好老師」的模樣。反而是一些書教得不怎麼樣的老師，讓我十分懷念。難道是他們不良示範，害我變成今天的「林老師」？為了以儆效尤，我要點名其中幾位「嫌疑重大」的老師。第一位是我國中三年的導師，陳文得老師。不像其他班級的導師總是陪伴著學生，從國一開始他就讓我們自我管理、相互學習。每天一下課他就走人，關係到升學聯考的課輔小考都是由班上同學自行出題、解題，害我們高中聯考前三志願的人數遠低於其他班級。第二位是我的高一國文老師，何瑞華老師。她總是用一些奇怪的女生角度來質疑孔子和他弟子們的對話，害我到現在讀起書來總是疑神疑鬼、想東想西，不懂得服從權威。第三位是大學教我法學緒論的林子儀老師。他上課毫無章法，別班民法總則都逐條講完了，我們還在討

論「究竟什麼是法律？」，害我到現在碰到事情都忍不住要追根究底，我猜他在法律界應該很難生存，幸好法界有一種叫做「大法官」的職務，超適合他的。再來是我念企研所時的幾位老師，一個是口才超差又愛用英文上課的管康彥老師，尤其愛問同學問題，害班上同學緊張到得胃潰瘍；一個是愛挑書裡的毛病，又愛跟同學抬槓的陳瑞珍老師，害我腦筋總是閒不下來，更養成愛吐槽的壞毛病；另一個則是充滿了會計師龜毛個性的丁文拯老師，明明知道的答案也不輕易告訴我們，只提供圖書館的資料線索要我們自己去查，害我書借太多常常逾期被罰錢。最後是我博士班的指導教授 Andy Pratt 教授，他從不跟我閒話家常也不噓寒問暖，只討論論文的內容，而且一定要先給書面作品才肯面談，一點都不親切，同學們都叫苦連連。沒想到日積月累，我也沾染上這種冷漠的習性。

可是，我再往下一想，發現今天的壽星孔老夫子，似乎才是集這些缺點之大成的「林老師」；而且他總是以「述而不作」的托辭來掩飾自己毫無著作的事實，連傳世的《論語》都只是弟子們的課堂筆記。如果他活在事事講求期刊論文發表篇數的現代大學裡，恐怕還會被列為優先資遣的不適任教師。望著校園裡的孔子銅像，我反而徬徨起來：下一個十年，我究竟該如何教書呢？

國家圖書館出版品預行編目（CIP）資料

研究研究論論文 ： 研究歷程之科 P 解密與論文
寫作 SOP 大公開 / 吳鄭重作 . -- 初版 . --
臺北市 ： 遠流 , 2016.03
面； 公分
ISBN 978-957-32-7782-8 （平裝）

1. 社會科學　2. 研究方法　3. 論文寫作法

501.2　　　　　　　　　　　　105001042

研究研究論論文

研究歷程之科 P 解密與
論文寫作 SOP 大公開

著者 ： 吳鄭重
主編 ： 曾淑正
內頁繪圖 ： 戴煒盈
美術設計 ： Zero
企劃 ： 叢昌瑜

發行人 ： 王榮文
出版發行 ： 遠流出版事業股份有限公司
地址 ： 台北市南昌路二段 81 號 6 樓
電話 ： （02）23926899　傳真 ： （02）23926658
郵撥 ： 0189456-1

著作權顧問 ： 蕭雄淋律師
2016 年 3 月 1 日　初版一刷
2021 年 2 月 1 日　初版六刷
售價 ： 新台幣 360 元
缺頁或破損的書， 請寄回更換
有著作權‧侵害必究　Printed in Taiwan
ISBN　978-957-32-7782-8（平裝）

YL遠流博識網 http://www.ylib.com
E-mail: ylib@ylib.com